Robert R. Steiner

Personalmanagement in projektorientierten Unternehmen:
Rekrutierung und Freistellung

IGEL Verlag

Steiner, Robert R.

Personalmanagement in projektorientierten Unternehmen:
Rekrutierung und Freistellung

1. Auflage 2009 | ISBN: 978-3-86815-254-8

© IGEL Verlag GmbH , 2009. Alle Rechte vorbehalten.

Die Deutsche Bibliothek verzeichnet diesen Titel in der Deutschen Nationalbibliografie.
Bibliografische Daten sind unter http://dnb.ddb.de verfügbar.

IGEL Verlag

Inhalt

Anmerkung des Verfassers: Aus Gründen der leichteren Formulierbarkeit und besseren Lesbarkeit werden für Rollen- und Funktionsbezeichnungen im Allgemeinen die maskulinen Formen verwendet, die grundsätzlich in gleicher Weise für männliche und weibliche Personen stehen.

Darstellungsverzeichnis

1   Einleitung

1.1   Problemstellung der Untersuchung und grundlegende Thesen

Das Personalmanagement in projektorientierten Unternehmen ist bislang noch wenig erforscht, obwohl der Faktor "Human Resources" gerade in wissensintensiven Branchen bzw. Unternehmen entscheidend zur Wettbewerbsfähigkeit beiträgt. Insofern weisen die Personalmanagement-Prozesse in projektorientierten Unternehmen eine hohe Bedeutung auf, wobei der Fokus im Rahmen dieses Buches auf den beiden Prozessen Rekrutierung und Freistellung liegt.

In dieser Untersuchung werden konkrete Anlassfälle herausgearbeitet, spezifische Herausforderungen beleuchtet und die Prozesse Rekrutierung und Freistellung sowie deren Organisation dargestellt. Weiters werden Methoden und Hilfsmittel aufgezeigt, die in der Praxis die Durchführung von Rekrutierung und Freistellung unterstützen.

Die Untersuchung beruht auf folgenden Thesen:

- Rekrutierung und Freistellung sind zentrale Personalmanagement-Prozesse in projektorientierten Unternehmen

Thesen zur Rekrutierung von Projektmanagern in projektorientierten Unternehmen

- Es gibt spezifische Anlassfälle für die Rekrutierung von Projektmanagern in projektorientierten Unternehmen. Der Rekrutierungsprozess von Projektmanagern für ein spezifisches Projekt unterscheidet sich vom Rekrutierungsprozess für das projektorientierte Unternehmen

- In projektorientierten Unternehmen bestehen spezifische Herausforderungen für die Rekrutierung

- Die Rekrutierung von Projektmanagern erfolgt anhand eines Prozesses, der beschrieben werden kann durch:
    - Ziele und Organisation
    - Prozessschritte
    - Methoden
    - Hilfsmittel

- Für die Rekrutierung von Projektmanagern in projektorientierten Unternehmen bestehen spezifische Methoden, wie z.B. der Aufbau und das Aufrechterhalten eines Netzwerkes an Freelance Projektmanagern

- Bei der Rekrutierung von Projektmanagern werden bestimmte Hilfsmittel wie bspw. Anforderungsprofile verwendet

Thesen zur Freistellung von Projektmanagern in projektorientierten Unternehmen

- Es gibt spezifische Anlassfälle für die Freistellung von Projektmanagern in projektorientierten Unternehmen. Der Freistellungsprozess von Projektmanagern für ein spezifisches Projekt unterscheidet sich vom Freistellungsprozess für das projektorientierte Unternehmen

- In projektorientierten Unternehmen bestehen spezifische Herausforderungen für die Freistellung

- Die Freistellung von Projektmanagern erfolgt anhand eines Prozesses, der beschrieben werden kann durch:
  - o Ziele und Organisation
  - o Prozessschritte
  - o Methoden
  - o Hilfsmittel

- Für die Freistellung von Projektmanagern in projektorientierten Unternehmen bestehen spezifische Methoden

- Bei der Freistellung von Projektmanagern werden bestimmte Hilfsmittel verwendet

1.2 Forschungsansatz

Die vorliegende Arbeit beruht auf dem Forschungsansatz der **PROJEKT-MANGEMENT GROUP** der Wirtschaftsuniversität Wien. Es handelt sich hierbei um

- das erkenntnistheoretische Paradigma: Radikaler Konstruktivismus,

- das organisationstheoretische Paradigma: Sozialwissenschaftliche Systemtheorie, und

- das forschungsmethodologische Paradigma: Qualitative Sozialforschung.

Die Darstellung dieser Paradigmen soll zum Verständnis für den Prozess und die Inhalte dieser Arbeit beitragen. Der Forschungsansatz wurde erstmals von Dr. Stefan Fiedler im Rahmen seiner Dissertation[1] dokumentiert. Der hier dargestellte Text ist eine adaptierte Form.

---

[1] Fiedler, S. (Projektkrisen)

1.2.1 Erkenntnistheoretisches Paradigma: Radikaler Konstruktivismus

"Eine Erkenntnistheorie umfasst (...) Regeln, nach denen der Gegenstand einer Wissenschaft bestimmt, Begriffe definiert, die logische Struktur für Aussagen oder die Verfahren, Aussagen zu generieren, formuliert werden."[2] Als Metawissenschaft befasst sich Erkenntnistheorie mit der Frage, wie man zu neuen Erkenntnissen gelangt. Die Regeln der Logik, der Theorie und Methode der Erkenntnistheorie unterliegen der Diskussion und Übereinkunft in der Wissenschaft und sind somit historischen Wandlungen unterworfen.[3]

Die Bezeichnung "Radikaler Konstruktivismus" und die explizite Formulierung als erkenntnistheoretisches Modell gehen auf von Glasersfeld zurück.[4] Radikal meint dabei, dass es keine Möglichkeit gibt festzustellen, ob eine solche vom Beobachter unabhängige, objektive Realität überhaupt existiert.[5] Der Radikale Konstruktivismus stellt keine streng einheitliche Theorie dar, sondern möchte als eine Art Metadisziplin anderen wissenschaftlichen Disziplinen ein erkenntnistheoretisches Fundament liefern.[6]

Als "Qualitätskriterium" einer Wirklichkeitskonstruktion kann die Relation des "Passens", d.h. des "Funktionierens" fungieren. Von Glasersfeld bezeichnet dies mit dem Begriff der "Viabilität", was er mit "Gangbarkeit" im Sinne eines zum Ziel führenden Weges übersetzt. Es gibt je nach Situation möglicherweise mehrere oder sogar eine Vielzahl viabler Wirklichkeitskonstruktionen, die nebeneinander bestehen und sich teilweise auch widersprechen können, aber einander nicht ausschließen. Mit diesem Verständnis widerspricht der Radikale Konstruktivismus der traditionellen Vorstellung einer vom Beobachter unabhängigen und im Sinne von "wahren Übereinstimmung" erschließbaren Wirklichkeit.[7]

Diese Arbeit wählt als erkenntnistheoretisches Paradigma den radikalen Konstruktivismus im Gegensatz zu einem Kritischen Rationalismus. In der nachfolgenden Tabelle werden die wesentlichen Aussagen des Kritischen Rationalismus und des Radikalen Konstruktivismus einander gegenübergestellt.

---

[2]   Friedrichs, J. (Methoden), S. 16
[3]   vgl. Friedrichs, J. (Methoden), S. 17
[4]   vgl. von Glasersfeld, E. (Aspekte), S. 20
[5]   Schmidt, S. (Radikaler Konstruktivismus), S. 14
[6]   Roth, G. (Gehirn), S. 277
[7]   vgl. von Glasersfeld, E. (Aspekte), S. 3

Kriterium	Radikaler Konstruktivismus	Kritischer Rationalismus
Verhältnis von Sozial- und Naturwissenschaften	• unterschiedliche Erklärungsmodelle für Sozial- und Naturwissenschaften	• ein Erklärungsmodell für Sozial- und Naturwissenschaften
Theoriebildung	• Interpretation • Methode des Verstehens	• Deduktion • Methode des Erklärens
Erklärungsanspruch	• Viabilität (=Gangbarkeit) wissenschaftlicher Aussagen • "Adäquanz" wissenschaftlicher Aussagen für die Wirklichkeit • soziale Akzeptanz • "fit"	• Wahrheit wissenschaftlicher Aussagen • "Korrespondenz" wissenschaftlicher Aussagen mit der objektiven Wirklichkeit • "match"
Wirklichkeitsverständnis	• es gibt keine objektive Wirklichkeit • die erlebte Wirklichkeit ist eine soziale Konstruktion • es gibt keine Wahrheitskriterien der Erkenntnis	• es gibt eine objektive Wirklichkeit • die objektive Wirklichkeit ist annähernd - aber nicht gesichert - erkennbar • es gibt Wahrheitskriterien der Erkenntnis
Wissenschaftliche Kommunikation	• zyklischer wissenschaftlicher Diskurs • Konsens der wissenschaftlichen Gemeinde	• Individualaussage
Methodeneinsatz	• qualitativ • (fast) alle Methoden, aber mit neuer Zielsetzung	• vorwiegend quantitativ
Rolle des Forschers	• Beobachter • Interpretierer	• Experimentator

Darstellung 1: Gegenüberstellung von Kritischem Rationalismus und Radikalen Konstruktivismus8

Eine objektive Wirklichkeit existiert nicht, es ist immer eine konstruierte, eine auf der subjektiven Wahrnehmung basierend interpretierte Welt, über die sich die psychischen bzw. sozialen Systeme nur kommunikativ einigen/verständigen können.

Das Verhältnis Radikaler Konstruktivismus zur Sozialwissenschaftlichen Systemtheorie kennzeichnet sich dadurch aus, dass beide Seiten mit der Differenz von System und Umwelt und mit der operativen Geschlossenheit psychischer wie sozialer Systeme operieren. Und beide betonen, dass erst aufgrund von Selbstreferenz und operationaler Geschlossenheit Systeme überhaupt in der Lage sind zu erkennen.[9]

---

[8] vgl. Fiedler, S. (Projektkrisen), S. 18
[9] vgl. Schmidt, S. (Radikaler Konstruktivismus), S. 10

1.2.2 Organisationstheoretisches Paradigma: Sozialwissenschaftliche Systemtheorie

Die Grundlage dieser Arbeit stellt die Theorie sozialer Systeme nach Niklas Luhmann dar. In der folgenden Übersicht beschreibt er verschiedene Systemtypen:

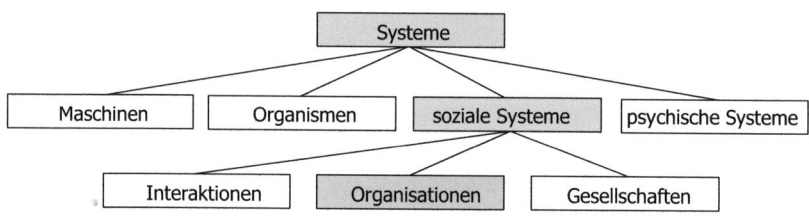

Darstellung 2: Systemtypen[10]

Unter dem Begriff "soziale Systeme" fasst Luhmann Interaktionen, Organisationen bzw. formal organisierte soziale Systeme und Gesellschaften zusammen. Luhmann beschreibt sein Systemverständnis unter anderem durch folgende wesentliche Begriffe:

System-Umwelt-Differenz

"Als System lässt sich (...) alles bezeichnen, worauf man die Unterscheidung von innen und außen anwenden kann. Die Innen-Außen-Differenz besagt, dass eine Ordnung festgestellt wird, die sich nicht beliebig ausdehnt sondern durch ihre innere Struktur und durch die eigentümliche Art ihrer Beziehungen Grenzen setzt."[11] Soziale Systeme können nur in Zusammenhang mit ihren spezifischen relevanten Umwelten betrachtet werden. Dabei werden Umwelten in "interne Umwelten" (für Unternehmen z.b. Mitarbeiter, Management, Betriebsrat) und "externe Umwelten" (für Unternehmen z.b. Kunden, Lieferanten, Konkurrenten, Medien) differenziert. Die Umweltbeziehungen bestimmen gemeinsam mit den internen Umwelten die Identität des Systems.

Komplexität und Kontingenz

Der Sinn in der Bildung sozialer Systeme besteht für Luhmann darin, dass Bereiche geschaffen werden, die weniger komplex sind als die Komplexi-

---

[10] Luhmann, N. (Soziale Systeme), S. 16
[11] Luhmann, N. (Funktionen), S. 24

tät der Welt.[12] Dabei definiert er für den Grad der Komplexität folgende Einflussfaktoren:[13]

- Anzahl der Elemente des Systems
- Anzahl der möglichen Beziehungen zwischen diesen Elementen
- Verschiedenartigkeit dieser Beziehungen
- Entwicklung dieser drei Faktoren im Zeitablauf

Komplexität wird durch die Bildung sozialer Systeme nicht nur abgebaut, sondern auch aufgebaut. Die Überlebensfähigkeit des sozialen Systems wird wesentlich durch die Fähigkeit, durch Entwicklung der entsprechenden Eigenkomplexität auf die Komplexität der Umwelt zu reagieren und damit umzugehen, bestimmt.[14]

Kommunikation als Element

Luhmann bezeichnet die Kommunikation als Element in sozialen Systemen. "Soziale Systeme sind Kommunikationssysteme, sie reproduzieren sich dadurch, dass sie fortlaufend Kommunikationen an Kommunikationen anschließen."[15] "Soziale Systeme bestehen (...) nicht aus Menschen, auch nicht aus Handlungen, sondern aus Kommunikationen."[16] Damit stellt Luhmann die Grundlagen soziologischer Theoriebildung von Handlungen auf Kommunikationen um, was wesentliche theoretische Konsequenzen mit sich bringt: Das Individuum, der Mensch gehört nicht mit seiner Gesamtheit (mit "Haut und Haar") zum sozialen System, sondern nur mit bestimmten, seiner Rolle im sozialen System entsprechenden Kommunikationen/Entscheidungen.[17]

Struktur

Kommunikationen/Entscheidungen sind zeitpunktförmige Ereignisse, die im Zeitpunkt ihres Entstehens bereits auch wieder verschwinden. Über die einzelnen Kommunikationen hinaus haben aber sich in Kommunikationen herausbildende Strukturen zentrale Bedeutung für das System. Die zentrale Funktion von Strukturen und Prozessen besteht in der Verarbeitung von Komplexität durch Vorauswahl von Möglichkeiten.[18] Kasper definiert unter anderem Mitgliedschaftsregeln und Kommunikationswege

---

[12] vgl. Kasper, H. (Handhabung), S. 156
[13] vgl. Luhmann N. (Komplexität), S. 1064ff
[14] vgl. Kasper, H. (Handhabung), S. 376
[15] Kneer, G./Nassehi, A. (Soziale Systeme), S. 65
[16] Luhmann, N. (Soziale Systeme), S. 41
[17] vgl. Willke, H. (Systemtheorie), S. 176
[18] Fiedler, S. (Projektkrisen), S. 51

als zentrale strukturelle Einschränkungen, die Erwartungssicherheit geben und damit Komplexität in sozialen Systemen reduzieren.[19]

Selbstreferenz

"Ein System kann man als selbstreferenziell bezeichnen, wenn es die Elemente, aus denen es besteht, als Funktionseinheiten selbst konstituiert und in allen Beziehungen zwischen diesen Elementen eine Verweisung auf diese Selbstkonstitution mitlaufen lässt, auf diese Weise die Selbstkonstitution also laufend reproduziert."[20] Der Reflexion liegt die Differenzierung von System und Umwelt zugrunde. Selbstreferenzielle Systeme stellen aufgrund ihres Selbstbezuges geschlossene Systeme dar, die nicht von ihrer Umwelt determiniert werden. Umweltreize sind Irritationen, aus denen sich soziale Systeme entsprechend ihrer spezifischen Strukturen Informationen konstruieren und Entscheidungen produzieren können.[21]

1.2.3 Forschungsmethodologisches Paradigma: Qualitative Sozialforschung

Kasper leitet, ausgehend vom Paradigma des Radikalen Konstruktivismus, einige Konsequenzen für die empirische Sozialforschung ab:[22]

- Wissenschaft ist eine soziale, von menschlichem Handeln bestimmte Angelegenheit und nicht auf die Erkenntnis der Realität ausgerichtet.

- Über Wahrheit wird im Wege eines qualifizierten Konsenses entschieden.

- Organisationen werden als soziale Konstruktionen der Wirklichkeit gesehen, die von einer sozialen Gruppe geteilt werden.

- Zentrale Aufgabe der Organisationsforschung ist die Entschlüsselung des Sinnsystems von Organisationen.

Die nachfolgende Tabelle stellt die Grundannahmen der qualitativen und der quantitativen Forschung einander gegenüber.

---

[19] vgl. Kasper, H. (Handhabung), S. 288
[20] Luhmann, N. (Soziale Systeme), S. 59
[21] Luhmann, N. (Soziale Systeme), S. 600f
[22] vgl. Kasper, H. (Management-Wissen), S. 66ff

7

	Quantitative Sozialforschung	Qualitative Sozialforschung
Grundorientierung	• naturwissenschaftlich	• geisteswissenschaftlich
Wissenschafts-theoretische Position	• Kritischer Rationalismus • logischer Positivismus	• Hermeneutik • Phänomenologie
Empirieform	• Tatsachenempirie	• Totalitätsempirie
Erklärungsmodell	• kausal und/oder funktionalistisch	• historisch-genetisch
Wissenschafts-theoretische Implikation und Konsequenz	• Ziel der Werturteilsfreiheit wissenschaftlicher Aussagen • Konvergenz- und Korrespondenztheorie der Wahrheit • Trennung von Entdeckungs-, Begründungs- und Verwertungs-zusammenhang • Empirische. Sozialforschung zum Zwecke der Theorieprüfung • theoretisches und technologisches Erkenntnisinteresse • Trennung von common sense und Wissenschaft	• Ablehnung der Werturteilsfreiheit • Konsensus- und Diskurstheorie • Verschränkung von Entdeckung und Begründung • Plausibilitätsannahmen treten anstelle von systematischer Beweisführung • Sozialforschung als Instrument der Theorienentwicklung • kritisch-empanizipatorisches, praktisches Erkenntnisinteresse • Ähnlichkeit von Alltagstheorien und wissenschaftlichen Aussagesystemen
Wirklichkeits-verständnis	• Annahme einer objektiv und autonom existierenden Realität • Abbildfunktion der Wissenschaft: dient der kognitiven Strukturierung und Erklärung der als objektiv existent angenommenen Welt	• Annahme einer symbolisch strukturierten, von den sozialen Akteuren interpretierten und gesellschaftlich konstruierten Wirklichkeit • Wissenschaftliche Aussagen nicht als Realität, sondern als Deskription der Konstruierungsprozesse von Wirklichkeit
Methodenverständnis	• Automatisierung und Instrumentalisierung des methodischen Apparats • "harte" Methoden, standardisiert • statistisch	• Dialektik von Gegenstand und Methoden • "weiche" Methoden, nicht standardisiert • quasi-statistisch
Gegenstandsbereich	• Wirkungs- und Ursachen-zusammenhänge, Funktionszusammenhänge	• Konzeption der Gesellschaft als Lebenswelt
Forschungslogik	• Deduktion (Induktion) • analytisch/abstrahierend • Streben nach objektivierbaren Aussagen • Replizierbarkeit • Generalisierung • operationale Definitionen	• Induktion, Abduktion • holistisch/konkretisierend • Geltendmachen der Subjektivität • Typisierung • Wesensdefinition: wissenschaftl. Begriffe als Konstrukte "zweiter" Ordnung
Selbstverständnis d. Sozialforscher	• auf Unabhängigkeit bedachter Beobachter und Diagnostiker gesellschaftlicher Verhältnisse	• faktischer oder virtueller Teilnehmer, Advokat, Aufklärer

Darstellung 3: Grundannahmen quantitativer und qualitativer Sozialforschung[23]

1.2.4 Methoden qualitativer Sozialforschung

Dokumentenanalyse - Inhaltsanalyse

"In dem, was Menschen sprechen und schreiben, drücken sich ihre Ab-sichten, Einstellungen, Situationsdeutungen, ihr Wissen und ihre still-schweigenden Annahmen über ihre Umwelt aus."[24]

---

[23] vgl. Lamnek, S. (Qualitative Sozialforschung 1), S. 258ff
[24] Mayntz et al (Empirische Soziologie), S. 151

Durch die Analyse der in den Dokumenten wie Schriftstücken, aber auch Fotos und Filmen, festgehaltenen Inhalte werden die aus Sprache und Form ersichtlichen Eigenschaften identifiziert und beschrieben.[25]

Das qualitative Interview

Das qualitative Interview kann als mündliche und persönliche Form der Befragung beschrieben werden, bei der es um eine unverzerrte und möglichst vollständige Sammlung von Informationen zu dem interessierenden Untersuchungsgegenstand geht.

"Das Prinzip der Kommunikativität zeigt sich beim qualitativen Interview vor allem in dem Bemühen, sich einer alltäglichen Kommunikationssituation anzunähern. Dazu gehören zum einen eine deutliche Zurückhaltung des Interviewers im Gespräch sowie seine Möglichkeiten, jeweils individuell auf die Auskunftsperson eingehen zu können. (...) Gegebenenfalls wird die Auskunftsperson selber zum Wiederholen gewisser Gesprächssequenzen gebeten, um ihre subjektiven Interpretationen in die Auswertung mit einfließen zu lassen."[26]

Nachfolgend finden Sie eine Auflistung der Charakteristika des qualitativen Interviews. Lamnek[27] nennt als Charakteristika des qualitativen Interviews folgende Punkte:

- Qualitative Interviews sind mündlich-persönlich.

- Es handelt sich um nicht-standardisierte Interviews, denn gerade durch die notwendige situative Anpassung sind vorformulierte Fragen und deren Reihenfolge nicht vorhersehbar.

- Es werden ausschließlich offene Fragen gestellt.

- Der Interviewstil ist neutral bis weich.

- Im Hinblick auf die Intentionen des Interviewers handelt es sich vornehmlich um vermittelnde aber auch um ermittelnde Interviews.

- Gerade im qualitativen Interview hat der Befragte die Möglichkeit, seine Wirklichkeitsdefinition dem Forscher mitzuteilen.

- Aufgrund der häufig recht intimen und sehr persönlichen Themen versteht sich, dass ein qualitatives Interview eine Einzelbefragung darstellt.

---

[25] vgl. Lamnek, S. (Qualitative Sozialforschung 2), S. 172f
[26] vgl. Kepper, G. (Qualitative Marktforschung), S. 35
[27] vgl. Lamnek, S. (Qualitative Sozialforschung 2), S. 59f

"In der Sozialforschung, und hier insbesondere in der Soziologie und Psychologie, hat sich eine Vielzahl unterschiedlicher Formen qualitativer Interviews herausgebildet, die zwar die oben beschriebenen qualitativen Merkmale aufweisen, im Detail jedoch unterschiedliche Gesichtspunkte berücksichtigen."[28] Darstellung 4 fasst die verschiedenen Interviewformen zusammen:

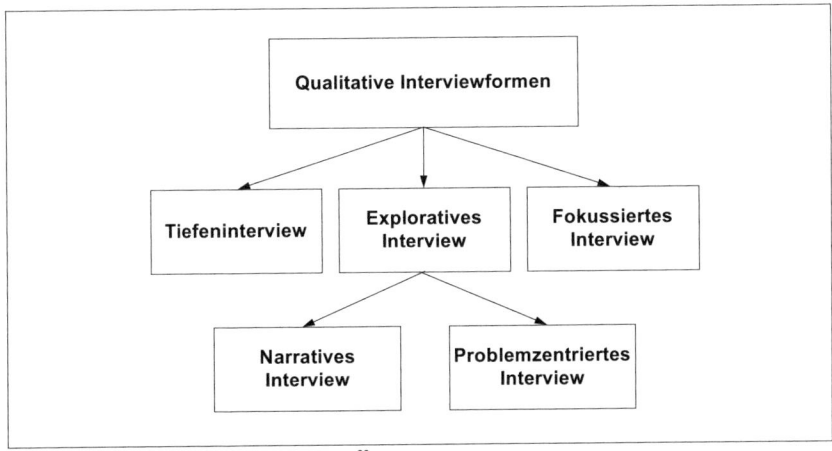

Darstellung 4: Formen qualitativer Interviews[29]

1.2.5 Beschreibung der Forschungsmethodik der vorliegenden Untersuchung

Aus der Zugrundelegung des Radikalen Konstruktivismus und der sozialwissenschaftlichen Systemtheorie folgte die Entscheidung für die Methoden der qualitativen Sozialforschung. Für den Forschungsprozess ergaben sich daraus folgende Konsequenzen:

- Der Schwerpunkt der Forschung lag auf der Thesen- und Modellentwicklung, nicht auf deren Prüfung. Das heißt es wurden idealtypische Modelle zum Prozess der Rekrutierung und Freistellung von Projektmanagern in projektorientierten Unternehmen beschrieben. Zum Vergleich wurden zuvor die traditionellen Ansätze der Rekrutierung und Freistellung dargestellt.

- Die Literatur für diese Arbeit wurde aus allgemeiner Literatur zum Thema Rekrutierung und Freistellung, der Projektmanagementlite-

---

[28] vgl. Kepper, G. (Qualitative Marktforschung), S. 37
[29] vgl. Kepper, G. (Qualitative Marktforschung), S. 41

ratur, unterschiedlichen Fachzeitschriften aus den Bereichen Projektmanagement und Personalmanagement sowie aus Tageszeitungen bezogen.

- Auf Basis der Erkenntnisse aus dem Literaturstudium konnte ein Interviewleitfaden für qualitative Interviews mit

  o Projektmanagern,

  o Freelance Projektmanagern, und

  o Human Resources Managern

  erstellt werden. Im Anschluss wurden Interviews mit den oben genannten Personengruppen in projektorientierten Unternehmen durchgeführt, um die Praxisperspektive in die Forschungsarbeit zu integrieren.

- Zusätzlich wurde eine Dokumentenanalyse eines Unternehmens durchgeführt. Der Schwerpunkt der Dokumentenanalyse lag auf der Darstellung des Rekrutierungs- und Freistellungsprozesses sowie der verwendeten Hilfsmittel.

- Der Forschungsprozess war durch eine offene, zyklisch prozessorientierte Vorgehensweise in Form mehrerer Schleifen aus Informationssammlung, Thesenbildung und Reflexion gekennzeichnet.

2 Projektorientierte Unternehmen

2.1 Projektbegriff

Sowohl in Forschung als auch Praxis hat sich bislang kein einheitlicher Projektbegriff herausgebildet. Die Definition eines Projektes ist insofern von Bedeutung, als dass unterschiedliche Definitionen zu unterschiedlichen Projektmanagement-Ansätzen und Herangehensweisen führen.[30] Eine allgemein gehaltene Definition von Projekten findet sich bspw. bei Patzak und Rattay[31], die folgende wesentliche Merkmale eines Projektes definieren:

- Neuartigkeit: Hohe Unsicherheit und hohes Risiko durch nicht oder nur zum Teil sich wiederholende Aufgabenstellung.

- Zielorientierung: Die inhaltliche Zielsetzung ist spezifiziert und der dafür erforderliche Zeit- und Mitteleinsatz begrenzt.

- Komplexität und Dynamik: Zwischen den Einzelaufgaben und zum Umfeld bestehen zahlreiche Abhängigkeiten, wobei sich Inhalte und Abhängigkeiten laufend ändern können.

- Interdisziplinarität und fachübergreifende Zusammenarbeit: Das Projektziel ist nur durch das Zusammenspiel unterschiedlicher Organisationseinheiten bzw. Fachrichtungen möglich.

- Bedeutsamkeit: Projekte haben eine hohe Relevanz für die durchführende Organisation.

Im Vergleich dazu definiert Gareis Projekte folgendermaßen:

"Ein Projekt ist eine temporäre Organisation eines projektorientierten Unternehmens zur Durchführung eines relativ einmaligen, kurz- bis mittelfristigen, strategisch bedeutenden Geschäftsprozesses mittleren oder großen Umfangs."[32]

Projekte sind daher charakterisiert durch folgende Merkmale, die für Unternehmen je nach Notwendigkeit spezifisch operationalisiert werden müssen:

- Relative Einmaligkeit: Durch die Einmaligkeit und Neuartigkeit ist das damit verbundene Risiko höher, da Erfahrungswerte häufig gar nicht oder nur in geringem Maße verfügbar sind.

---

[30] vgl. Gareis, R. (Happy Projects), S. 39
[31] vgl. Patzak, G./Rattay, R. (Projekt Management), S. 17
[32] Gareis, R. (Happy Projects), S. 42

- Kurze bis mittlere Dauer: Durch die Fokussierung von Projekten sollten diese eine Dauer von mehreren Monaten nicht überschreiten. Eine Ausnahme davon stellen lediglich Projekte im Bereich Infrastruktur dar, die oft deutlich länger dauern.

- Mittlere bis hohe strategische Bedeutung: Geschäftsprozesse, die als Projekt durchgeführt werden, besitzen für das durchführende Unternehmen mittlere bis hohe strategische Bedeutung, wie z.b. die Durchführung eines Kundenauftrages, das kurz- bis mittelfristig dem wirtschaftlichen Erfolg und somit dem Überleben des Unternehmens dient.

- Mittlerer bis großer Umfang: Der Umfang eines Geschäftsprozesses kann beschrieben werden durch den Umfang der zu erbringenden Leistung, der einzusetzenden Ressourcen, der anfallenden Kosten und mitwirkenden Organisationen.[33]

Um der Komplexität und Dynamik von Projekten erfolgreich zu begegnen, können Projekte unter dem Aspekt eines systemischen Projektmanagement-Ansatzes als temporäre Organisationen und soziale Systeme verstanden werden.[34] Dieser Projektbegriff wird den folgenden Ausführungen dieser Arbeit zu Grunde gelegt.

2.2 Management-by-Projects als Organisationsstrategie

Aufgrund des dynamischen Umfeldes von Unternehmen entstehen auch neue Anforderungen an Organisationen. Um wettbewerbsfähig zu bleiben, müssen Unternehmen flexibel auf Kundenwünsche eingehen können, sich auf die eigenen Kernkompetenzen konzentrieren, Einflussgrößen rechtzeitig erkennen, rasche Entscheidungen treffen und keine unnötigen Gemeinkosten verursachen. Management-by-Projects als Organisationsstrategie kann darauf eine Antwort bieten[35], da

- Projektorganisationen ad hoc zur Lösung eines komplexen Problems gebildet werden,

- Projektteams das für die jeweilige Problemlösung benötigte Know-how aufweisen,

- Entscheidungen rasch getroffen werden, da Know-how Träger und Entscheider direkt zusammenarbeiten, und

---

[33] vgl. Gareis, R. (Happy Projects), S. 42f
[34] vgl. Gareis, R. (Happy Projects), S. 40; Patzak, G./Rattay, R. (Projekt Management), S. 17
[35] Patzak, G./Rattay, R. (Projekt Management), S. 470f

- Bewusstes Management des Projektportfolios klare Prioritäten schafft und knappe Ressourcen effizient einsetzt.

Projektorientierte Unternehmen setzen Management-by-Projects als Organisationsstrategie ein und weisen folgende spezifische Merkmale auf[36]:

- Management-by-Projects ist eine explizite Organisationsstrategie,
- Projekte und Programme werden als temporäre Organisationen eingesetzt,
- Projekte-Netzwerke, Projekte-Ketten und Projektportfolien sind Betrachtungsobjekte des Managements,
- Projektmanagement, Programmmanagement und Projektportfolio-Management sind spezifische Geschäftsprozesse,
- Die Know-how-Sicherung erfolgt in Expertenpools,
- Die Projektmanagement-Kompetenz wird durch ein Projektmanagement Office und von einer Projektportfolio Group gesichert, und
- Ein neues Management-Paradigma, das durch Teamarbeit, Prozessorientierung und Empowerment charakterisiert ist, wird angewandt.

Neben Projekten und Programmen als temporäre Organisationen besteht in projektorientierten Unternehmen auch eine permanente Organisation, die für die Durchführung von sich wiederholenden Geschäftsprozessen verantwortlich ist. Permanente Organisationseinheiten, die für projektorientierte Unternehmen spezifisch sind, sind die Projektportfolio Group, Expertenpools und das Projektmanagement Office, die im Folgenden kurz beschrieben werden.

Expertenpools

Die Zielsetzung des Expertenpools besteht darin, entsprechend qualifiziertes Personal für Projekte und Programme zur Verfügung zu stellen und durch professionelles Prozessmanagement die effiziente Erfüllung der Geschäftsprozesse in den Projekten sicherzustellen. Aufgaben des Expertenpools sind Personalmanagement, Prozessmanagement und Wissensmanagement. Abhängig von den spezifischen Erfordernissen des jeweiligen Unternehmens kann es auch sinnvoll sein, mehrere Expertenpools zu definieren.[37]

---

[36] Gareis, R. (Happy Projects), S. 26
[37] Gareis, R. (Happy Projects), S. 533f

Projektportfolio Group

Die Projektportfolio Group als Organisationseinheit besteht typischerweise nur in mittleren und größeren projektorientierten Unternehmen (ca. 200-300 Mitarbeiter, ca. 15-20 gleichzeitig durchgeführte Projekte) mit der Zielsetzung, das Projektportfolio als Gesamtes zu koordinieren; in kleineren Unternehmen hingegen kann das Projektportfolio-Management auch direkt durch die Geschäftsführung wahrgenommen werden. Die Aufgaben der Projektportfolio Group bestehen in der Beauftragung eines Projektes bzw. Programmes und in der Projektportfolio-Koordination, wofür diese auch die Verantwortung trägt. Die Projektportfolio Group ist entscheidungsbefugt und nicht nur in beratender Funktion der Geschäftsführung tätig.[38]

Projektmanagement Office (PM Office)

Bei steigendem Reifegrad des projektorientierten Unternehmens steigt auch der Bedarf an einheitlichen Vorgehensweisen in Projekten und Programmen und an Sicherung der Qualität. Die Zielsetzung des PM Office besteht daher in der Sicherung eines professionellen Projekt-, Programm- und Projektportfolio-Managements und in der Entwicklung der dafür benötigten individuellen, kollektiven und organisatorischen Kompetenzen. Aufgaben des PM Office sind die Bereitstellung von Hilfsmitteln für das Projekt- und Programmmanagement, die Wartung der Projektportfolio-Datenbank, die Erstellung von Projektportfolio-Berichten und deren Kommunikation als auch die Unterstützung der Projektportfolio Group bei der Vorbereitung, Durchführung und Nachbereitung der Koordinationssitzungen.[39]

2.3 Rolle des Projektmanagers

Die Rolle des Projektmanagers ist eine Individualrolle in der temporären Organisation eines Projektes. Unter dem Begriff Rolle ist eine Menge an Erwartungen zu verstehen, die mit der Erfüllung dieser Rolle verbunden ist, und kann durch die Darstellung der Ziele, der organisatorischen Eingliederung, der zu erfüllenden Aufgaben, der Entscheidungsbefugnisse und der Beziehungen zu relevanten Projektumwelten beschrieben werden.[40]

Die Rolle Projektmanager ist verantwortlich für das Projektmanagement, stellt somit eine zentrale Integrationsrolle im Projekt dar und dient als

---

[38] Gareis, R. (Happy Projects), S. 536f
[39] Gareis, R. (Happy Projects), S. 537-539
[40] vgl. Gareis, R. (Happy Projects), S. 77

Ansprechpartner für Mitglieder der Projektorganisation und Vertreter der Projektumwelten.[41] Darstellung 5 zeigt die Rollenbeschreibung eines Projektmanagers, die nach Bedarf projektspezifisch angepasst werden muss.

Ziele	<ul><li>Wahrnehmung der Projektinteressen</li><li>Sicherung der Realisierung der Projektziele</li><li>Führung des Projektteams und der Projektmitarbeiter</li><li>Vertretung des Projektes gegenüber Vertretern der relevanten Umwelten</li><li>Erstellung und Adaption der Projektmanagement-Dokumentation</li></ul>
Organisatorische Stellung	<ul><li>Berichtet dem Projektauftraggeberteam</li><li>Ist Mitglied des Projektteams</li><li>Führt die Projektteammitglieder und Projektmitarbeiter</li></ul>
Aufgaben	**Aufgaben beim Projektstart**<ul><li>Gestaltung des Projektstartprozesses</li><li>Know-how Transfers aus Vorprojektphase</li><li>Vereinbarung von Projektzielen</li><li>Erstellung adäquater Projektpläne</li><li>Design einer adäquaten Projektorganisation und Teambildung</li><li>Projektkulturentwicklung und Etablierung des Projektes als soziales System</li><li>Planung von Maßnahmen zum Risikomanagement</li><li>Planung der Gestaltung von Projekt-Kontext-Beziehungen</li><li>Durchführung eines ersten Projektmarketings</li><li>Erstellung der Projektmanagement-Dokumentation zum Projektstart</li></ul>**Aufgaben bei der Projektkoordination**<ul><li>Controlling der (Zwischen-)Ergebnisse von Arbeitspaketen</li><li>Disposition von Projektressourcen für Arbeitspakete</li><li>Abnahme von Arbeitspaketen</li><li>Teilnahme an Subteam-Sitzungen (periodisch)</li><li>Kommunikation mit Vertretern relevanter Umwelten</li><li>Laufendes Projektmarketing</li></ul>**Aufgaben beim Projektcontrolling**<ul><li>Gestaltung des Projektcontrollingprozesses</li><li>Feststellung des Projektstatus</li><li>Vereinbarung bzw. Vornahme steuernder Maßnahmen</li><li>Weiterentwicklung der Projektorganisation bzw. Projektkultur</li><li>Neuvereinbarung der Projektziele</li><li>Erstellung von Projektfortschrittsberichten</li><li>Neugestaltung der Projekt-Kontext-Beziehungen</li><li>Durchführung von Projektmarketingmaßnahmen</li></ul>**Aufgaben bei der Bewältigung von Projektdiskontinuitäten**<ul><li>Vorschlag zur Definition einer Projektdiskontinuität</li><li>Gestaltung des Prozesses zur Bewältigung der Projektdiskontinuität</li><li>Erarbeitung von Sofortmaßnahmen</li><li>Ursachen-Analyse</li><li>Erarbeitung alternativer Strategien</li></ul>

---

[41]   vgl. Gareis, R. (Happy Projects), S. 82

	<ul><li>Durchführung von Bewältigungsmaßnahmen und Erfolgskontrolle</li><li>Beendigung der Projektdiskontinuität</li><li>**Aufgaben beim Projektabschluss**</li><li>Gestaltung des Projektabschlussprozesses</li><li>Planung der Nachprojektphase</li><li>Transfers von Know-how in die permanente Organisation</li><li>Erstellung eines Abschlussberichtes</li><li>Abschließendes Projektmarketing</li><li>Emotionaler Abschluss des Projekts</li></ul>
Umweltbeziehungen	<ul><li>Projektauftraggeberteam</li><li>Projektteammitglieder</li><li>Projektmitarbeiter</li><li>Kooperationspartner</li><li>Lieferanten</li><li>Medien</li></ul>
Formale Weisungsbefugnis	<ul><li>Einberufen von Projektauftraggeberteamsitzungen und von Projektteamsitzungen</li><li>Einkaufsentscheidungen bis EUR ...</li><li>Koordination der Projektteammitglieder und der Projektmitarbeiter</li><li>Auswahl des Projektteams (gemeinsam mit Projektauftraggeberteam und Linienvorgesetzten der Projektteammitglieder)</li></ul>

Darstellung 5: Rollenbeschreibung Projektmanager

Quelle: vgl. Gareis, R. (Happy Projects), S. 83f

2.4 Spezifische Herausforderungen für das Personalmanagement in projektorientierten Unternehmen

Personalmanagement wird in jeder Art von Organisation als strategischer Erfolgsfaktor gesehen, der zu einem Wettbewerbsvorteil beiträgt. Jedoch gibt es bislang kaum Forschung zum Thema Personalmanagement in projektorientierten Unternehmen, obwohl davon auszugehen ist, dass projektorientierte Unternehmen in Bezug auf Personalmanagement spezifische Herausforderungen aufweisen[42]. Zunächst werden die Teilaspekte des Personalmanagement-Geschäftsprozesses im Maturity-Modell projektorientierter Unternehmen dargestellt, um im Anschluss auf die Spezifika durch die Organisationsstrategie Management-by-Projects einzugehen[43]. Abschließend wird gezeigt, dass in projektorientierten Unternehmen neben den Personalmanagement-Prozessen der

---

[42] vgl. Huemann, M. (HRM model), S. 2 m.w.N.; ebenso Huemann, M. (Project Management Personnel), S. 1
[43] vgl. Huemann, M. (HRM model), S. 13; Huemann, M. (Project Management Personnel), S. 2; Turner, J.R.; Huemann, M./Keegan, A.E.: (Employee wellbeing) S. 4f; Huemann, M./Keegan, A.E./Turner, J.R.: (HRM – a review) S. 316f; Gareis, R. (Happy Projects), S. 33

permanenten Organisation auch Personalmanagement-Prozesse der temporären Organisation existieren.

Personalmanagement als Geschäftsprozess im Maturity-Modell projektorientierter Unternehmen

Auch das Maturity-Modell projektorientierter Unternehmen[44] erkennt die Bedeutung von Personalmanagement und sieht dafür als eigene Dimension im Maturity-Modell einen Geschäftsprozess für Personalmanagement vor, der auf spezifische Erfordernisse in projektorientierten Unternehmen eingeht. Dieser Geschäftsprozess beinhaltet[45]:

- Das Bestehen der Profession Projektmanager in der Organisation, das sich in Rollenbeschreibungen für Projektmanager und anderem Projektmanagement-Personal, Karrierewege für Projektmanager und Kompetenzprofilen für Projektmanagement-Personal manifestiert,

- Den Einsatz entsprechender Methoden für die Rekrutierung und Freistellung von Projekt- und Programmmanagementpersonal, wie z.B. die Analyse individueller Projektmanagement-Kompetenzen, Assessment-Centers für Projektmanager und die Bereitstellung von temporären und permanenten Vertragsbeziehungen,

- Die Führung von Projekt- und Programmmanagementpersonal durch permanente Funktionen wie PM Expert Pool Manager oder temporäre Funktionen wie Projekt- oder Programm-Manager,

- Die Entwicklung projektspezifischer Anreizsysteme für individuelle Projektmitarbeiter und Projekt-Teams,

- Die Personalentwicklung von Projekt- und Programmmanagementpersonal,

- Die Evaluierung von Kompetenzen des Projekt- und Programmmanagementpersonals und anderen Managern im projektorientierten Unternehmen, und

- Entsprechende Organisation und Verantwortung für das Personalmanagement.

---

[44] Gareis, R. (Happy Projects), S. 33
[45] vgl. Huemann, M. (HRM model), S. 13f; Huemann, M. (Project Management Personnel), S. 3

Implikationen der Organisationsstrategie Management-by-Projects für das Personalmanagement

Die Implementierung der Organisationsstrategie Management-by-Projects hat Implikationen für das Personalmanagement in Unternehmen. Projektorientierte Unternehmen, die die Organisationsstrategie Management-by-Projects anwenden, sind in Bezug auf das Personalmanagement mit den nachfolgenden Aspekten konfrontiert.

- Zeitlich begrenzte Organisationen: Projektorientierte Unternehmen nutzen temporäre Organisationen wie Projekte und Programme. Jeder Start eines Projektes bzw. Programmes und jedes Ende eines Projektes bzw. Programmes hat Auswirkungen auf das Personalmanagement in projektorientierten Unternehmen. Dies führt dazu, dass das Unternehmen die Praktiken des Personalmanagements nicht nur in der permanenten, sondern auch in temporären Organisationen wie Projekten und Programmen anwenden muss. Zusätzliche Praktiken des Personalmanagements sind

  o Assignment von Personal zu Projekten,

  o Entwicklung von Personal in Projekten,

  o Beurteilung von Personal in Projekten,

  o Entlohnung von Personal in Projekten, und

  o Dispersement von Personal bei Projektende.

  Die temporäre Natur von Projekten ergibt des Weiteren die Notwendigkeit, Projektarbeit in spezifische Karrierewege zu integrieren.

- Hohe Dynamik: Projektorientierte Unternehmen weisen dynamische Grenzen und Umgebungen auf. Dabei ändern sich die Anzahl und der Umfang der durchgeführten Projekte laufend, es werden permanente und temporäre Ressourcen eingesetzt, und die Zusammenarbeit mit Kunden, Partnern und Zulieferern erfolgt in reellen und virtuellen Teams.

- Verschiedene Rollen derselben Person im Projekt-Portfolio: Durch verschiedene interne und externe Projekte zur selben Zeit ergibt sich in projektorientierten Unternehmen ein Projekt-Portfolio. Häufig arbeiten Mitarbeiter in mehreren verschiedenen Projekten gleichzeitig und nehmen somit verschiedene Rollen und gelegentlich auch verschiedene Projekt-Rollen ein. Dies kann einerseits zu Rollenkonflikten auf der Ebene des Mitarbeiters führen, und andererseits zu Herausforderungen in der Allokation von Ressourcen auf der organisationalen Ebene.

- Spezifische Projektmanagement-Kultur und spezifisches Management-Paradigma: Um Projekte bzw. Programme erfolgreich und effizient durchzuführen, ist die Anwendung eines spezifischen Management-Paradigmas notwendig, das durch folgende Aspekte charakterisiert ist:

  o Kundenorientierung,

  o Organisation als Wettbewerbsvorteil,

  o Prozessorientierung,

  o Teamorientierung,

  o Empowerment von Mitarbeitern und von (temporären) Organisationen,

  o Förderung des Netzwerkens zwischen Mitarbeitern und zwischen (temporären) Organisationen, und

  o Förderung des (dis-)kontinuierlichen Wandels.

  Daraus ergibt sich die Notwendigkeit spezifischer Kompetenzen und Fähigkeiten von Projektmanagement-Personal, um in Projekten erfolgreich zusammenzuarbeiten.

- Management der Work-Life-Balance: Für Projekt-Mitarbeiter ist es häufig schwierig, die Arbeitsbelastung im Laufe eines Projektes auszugleichen, insbesondere bei unvorhergesehenen Kundenanforderungen.

- Unsicherheit in Bezug auf zukünftige Arbeitseinsätze: Projekte als temporäre Organisationen bieten für Mitarbeiter einen Unsicherheitsfaktor, da sie nicht sicher sein können, in welchen zukünftigen Projekten sie eingesetzt werden und mit welchen Mitarbeitern sie dort zusammenarbeiten werden.

- Sicherstellung eines entsprechenden Karriereweges: Sowohl von einer individuellen als auch organisatorischen Perspektive ist es notwendig, den Einsatz von Mitarbeitern in Projekten in den jeweiligen Karriereweg zu integrieren. Das projektorientierte Unternehmen benötigt für seine zukünftigen Projekte Mitarbeiter, doch wenn die Mitarbeiter im Rahmen des Projekteinsatzes nicht die entsprechenden Entwicklungsmöglichkeiten sehen, werden sich diese unter Umständen nach alternativen Entwicklungsmöglichkeiten umsehen.

Unterscheidung von Personalmanagement in der permanenten Linien- und temporären Projektorganisation

Neben diesen Besonderheiten für das Personalmanagement in projektorientierten Unternehmen besteht eine weitere Herausforderung darin, dass eigene Geschäftsprozesse für das Personalmanagement der permanenten Linienorganisation als auch in der temporären Projektorganisation bestehen, die entsprechend aufeinander abgestimmt werden müssen.

Die Verantwortlichkeit für das Personalmanagement verbleibt auch in projektorientierten Unternehmen in der permanenten Linienorganisation. Das Personalmanagement in der permanenten Linienorganisation beinhaltet folgende Teilprozesse[46]:

- Rekrutierung: Der Rekrutierungsprozess ist dafür verantwortlich, neue Mitarbeiter für das Unternehmen zu gewinnen. Basierend auf der Personalplanung werden neue permanente oder temporäre Mitarbeiter für Positionen in der Linien- oder Projektorganisation rekrutiert. Viele projektorientierte Unternehmen greifen bei der Rekrutierung von Projektmanagern auf traditionelle Methoden der Rekrutierung zurück, wie z.B. Suchinserate in Printmedien, Personalberater oder Verbindungen zu Universitäten. Während diese Methoden für die Rekrutierung von permanentem Personal zielführend sind, eignen sie sich aufgrund der benötigten Zeit für die Rekrutierung für projektorientierte Unternehmen und deren Dynamik nur bedingt. Gerade in projektorientierten Unternehmen besteht eine große Herausforderung für das Personalmanagement darin, Mitarbeiter für spezifische Projekte schnell genug zu rekrutieren.

- Entwicklung: Das Ziel der Personalentwicklung ist die Erweiterung der Kompetenzen des Projektmanagement-Personals, indem Möglichkeiten zur Gewinnung von neuem Wissen und Erfahrung geboten werden. Methoden zur Personalentwicklung sind Ausbildung, Training, Assessment der Projektmanagement-Kompetenzen, Assessment Centers für die Entwicklung, Coaching, Training on the job, Job Rotation, unterstützende Netzwerke und Communities und Komitees für die Karriereentwicklung. Ein wichtiger Aspekt der Personalentwicklung in projektorientierten Unternehmen besteht darin, dass nicht nur Projektmanager Projektmanagement-Kompetenzen benö-

---

[46] vgl. Huemann, M. (HRM model), S. 16-18

tigen, sondern auch Projektteam-Mitglieder und andere Management-Rollen.

- Beurteilung: Die Beurteilung beinhaltet nicht nur die Leistungsbeurteilung in der Vergangenheit, sondern auch die Planung und Verbesserung der zukünftigen Leistungsfähigkeit. Die Leistungsbeurteilung findet meist ein bis zwei Mal jährlich im Rahmen eines Mitarbeitergespräches statt. In projektorientierten Unternehmen wird die Leistungsbeurteilung in der permanenten Linienorganisation durchgeführt, da der zeitliche Horizont für die Karriereentwicklung über die Dauer von Projekten hinausgeht.

- Entlohnung: Die Entlohnung beinhaltet sowohl finanzielle als auch nicht-finanzielle Remuneration für das Personal in Abhängigkeit des jeweiligen Beitrages zum Erfolg der Organisation. Für projektorientierte Unternehmen besteht die Herausforderung darin, ein geeignetes Anreizsystem zu entwickeln, welches die Arbeit in Projekt-Teams berücksichtigt.

- Freistellung: Wenn Personal das Unternehmen verlässt, wird der Freistellungs-Prozess benötigt. Die größte Herausforderung für projektorientierte Unternehmen besteht bei der Freistellung von Mitarbeitern im Wissenstransfer, wenn temporäre Mitarbeiter das Unternehmen am Ende eines Projektes verlassen. Im Gegensatz zu permanenten Mitarbeitern, bei denen das Wissen zumindest in den eigenen Köpfen gespeichert ist, geht das Wissen bei der Freistellung von temporären Mitarbeitern für die Organisation verloren. Viele projektorientierte Unternehmen wenden daher formale Freistellungs-Prozesse mit Exit Interviews und Einheiten für den Wissenstransfer an. Ein weiterer wichtiger Aspekt bei der Freistellung von temporären Mitarbeitern besteht darin, mit diesen in Kontakt zu bleiben und das Netzwerk der Organisation zu pflegen, um die Möglichkeit einer zukünftigen Zusammenarbeit nicht zu verlieren.

Neben diesen Teilprozessen des Personalmanagements in der permanenten Linienorganisation bestehen analoge Teilprozesse für das Personalmanagement in der temporären Projektorganisation. Assignment und Dispersement als Gegenstück zu Rekrutierung und Freistellung stehen im Zusammenhang mit dem Start und dem Ende eines Projektes als temporäre Organisation, während die Teilprozesse Entwicklung, Leistungsbeurteilung und Entlohnung in der temporären Projektorganisation mit der Führungsfunktion in Projekten verbunden sind.[47]

---

[47] vgl. Huemann, M. (HRM model), S. 18-20

- Assignment: Das Assignment von Projekt-Personal beinhaltet das Assignment von Projektmanagern, Projektteam-Mitgliedern und sonstigen Projektmitarbeitern. Die Allokation des Personals erfolgt einerseits nach der Verfügbarkeit von adäquatem Personal, und andererseits nach den individuellen Entwicklungsbedürfnissen.

- Entwicklung: Die Entwicklung im Rahmen eines Projektes beinhaltet

  - die Weiterentwicklung individueller Kompetenzen, die für ein spezifisches Projekt benötigt werden,

  - die Entwicklung von neuem Projekt-Personal im Rahmen eines Briefings, wenn die neuen Mitarbeiter zum Projekt hinzukommen,

  - das Training von Projekt-Personal in neuen Technologien, die in frühen Phasen eines Projektes entwickelt wurde, damit diese Technologien später im Projekt eingesetzt werden können, und

  - Training des Projektteams.

- Beurteilung: Je nach Projekt kann Feedback zur Leistung von Projekt-Personal formal oder informell erfolgen.

- Entlohnung: Die Entlohnung wird primär in der Linienorganisation festgelegt. Die Entlohnung im Rahmen von Projekten muss in das allgemeine System der Organisation integriert sein.

- Dispersement: Am Ende eines Projektes muss die Organisation eine Entscheidung treffen, ob der entsprechende Mitarbeiter

  - sofort einem neuen Projekt zugeteilt wird,

  - einem Projekt zugeteilt wird, das erst in der Zukunft beginnt, aber in dem seine spezifischen Kompetenzen bestmöglich eingesetzt werden können,

  - in einer Warteposition gehalten wird, oder

  - von der Organisation freigestellt wird.

Zusammenfassend kann festgestellt werden, dass die größten Herausforderungen für das Personalmanagement in projektorientierten Organisationen darin besteht, einerseits das Personalmanagement an der Organisationsstrategie Management-by-Projects auszurichten, und andererseits das Personalmanagement in der temporären Projektorganisation mit dem Personalmanagement in der permanenten Linienorganisation abzustimmen.

3 Geschäftsprozessmanagement

In Zeiten eines stetig steigenden Wettbewerbsdruckes durch Deregulierung der Märkte, Voranschreiten der Globalisierung, Verkürzung der Produktlebenszyklen bei immer schneller werdenden technologischen Entwicklungen und steigenden Kundenansprüchen werden vor allem jene Unternehmen als Gewinner hervorgehen, die rasch auf Änderungen im Marktumfeld reagieren können. Das bewährte Konzept Geschäftsprozessmanagement kann Unternehmen unterstützen, flexibel auf Änderungen zu reagieren.

3.1 Prozess

Eine sehr klare und verständliche Definition eines Prozesses bieten Gareis und Stummer: "Ein Prozess ist ein klar abgegrenzter, relativ umfangreicher organisatorischer Ablauf, der die Mitwirkung mehrerer Rollen einer oder mehrerer Organisationen bedingt. Elemente von Prozessen sind Aufgaben, Entscheidungen, deren Beziehungen zueinander sowie organisatorische Zuständigkeiten."[48] Neben dieser Definition gibt es noch zahlreiche weitere Definitionen von unterschiedlicher Qualität; beispielhaft wird aufgrund der weiten Verbreitung internationaler Normen noch die Definition der Norm DIN EN ISO 9000:2000 für Qualitätsmanagement dargestellt, die einen Prozess beschreibt als "System von Tätigkeiten, das Eingaben mit Hilfe von Mitteln in Ergebnisse umwandelt. [...] Prozesse in einer Organisation sind üblicherweise geplant, werden unter beherrschten Bedingungen durchgeführt um Mehrwert zu schaffen."[49] Im Vergleich zu diesen eher abstrakt gehaltenen Definitionen von Prozess wird unter einem Geschäftsprozess eine "funktions- und organisationsüberschreitende Verknüpfung wertschöpfender Aktivitäten, die von Kunden erwartete Leistungen erzeugen und die aus der Geschäftsstrategie abgeleiteten Prozessziele umsetzen" verstanden.[50] Der Unterschied zwischen Prozess und Geschäftsprozess besteht darin, dass bei einem Geschäftsprozess am Anfang die Anforderungen des Kunden und am Ende (nach den wertschöpfenden Aktivitäten) die Ergebnisse für den Kunden stehen (siehe Darstellung 6). Der Geschäftsprozess ermöglicht es, ausgehend von Kundenanforderungen über die Grenzen einzelner Organisationseinheiten hinweg Ergebnisse für Kunden zu erzielen, ohne dabei Änderungen der Aufbauorganisation vorzunehmen. Dadurch wird der Kunde in den

---

[48] Gareis, R./Stummer, M. (Prozesse & Projekte), S. 53
[49] International Organization for Standardization (ISO 9000)
[50] Schmelzer, H.J./Sesselmann, W. (Geschäftsprozessmanagement), S. 60

Mittelpunkt der Betrachtung gestellt, was die Kundenorientierung des Unternehmens stärkt und durch die daraus resultierende steigende Kundenzufriedenheit den Erfolg des Unternehmens mittel- bis langfristig positiv beeinflusst. In den folgenden Ausführungen werden die Begriffe Prozess und Geschäftsprozess jedoch synonym verwendet, da diese Unterscheidung in erster Linie analytischer und definitorischer Natur ist und sich in der Praxis nicht etabliert hat.

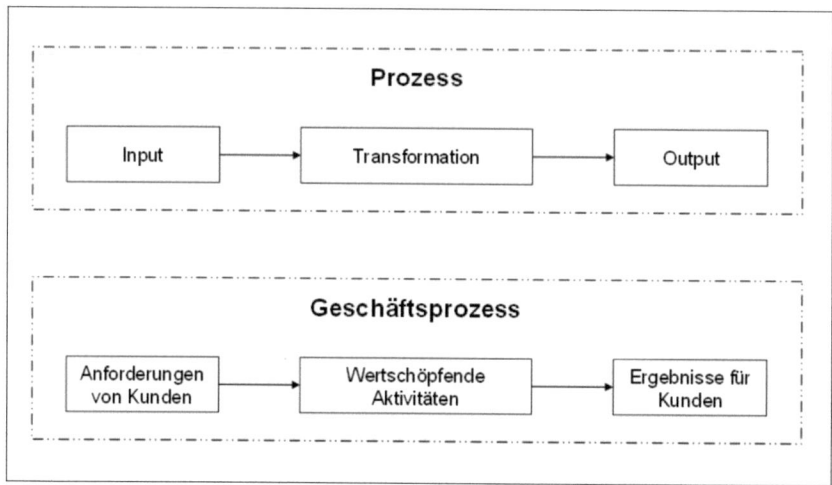

Darstellung 6: Unterscheidung Prozess und Geschäftsprozess

Quelle: Schmelzer H.J./Sesselmann W. (Geschäftsprozessmanagement), S. 60

3.2 Geschäftsprozessmanagement

Das Management der Geschäftsprozesse umfasst "planerische, organisatorische und kontrollierende Maßnahmen zur zielorientierten Steuerung der Wertschöpfungskette eines Unternehmens".[51] Diese Maßnahmen spiegeln sich in der Vorgangsweise zur Einführung von Geschäftsprozessmanagement wider (siehe Darstellung 7).

---

[51]   Gaitanides et al (Prozessmanagement), S. 3

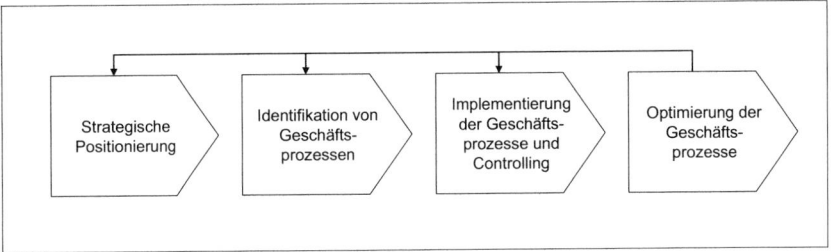

Darstellung 7: Phasen bei der Einführung von Geschäftsprozessmanagement

Quelle: vgl. Schmelzer H.J./Sesselmann W. (Geschäftsprozessmanagement), S. 386

Im Rahmen der strategischen Positionierung wird die langfristige Vision und der Kernauftrag der Organisation geklärt, sowie die Notwendigkeit einer prozessorientierten Organisation aufgezeigt. Danach werden Geschäftsprozesse, die zur Leistungserstellung im Unternehmen notwendig sind identifiziert und voneinander abgegrenzt, und schließlich implementiert. Im letzten Schritt werden die Geschäftsprozesse anhand definierter Kriterien überwacht, ihre Leistungsfähigkeit durch das Controlling der Erreichung von Zielwerten analysiert und im Sinne kontinuierlicher Verbesserung optimiert.

Durch den engen Zusammenhang des Geschäftsprozessmanagements mit einer Vielzahl anderer Managementkonzepte (siehe Darstellung 8), deren Ziel es ebenso ist die Wettbewerbsfähigkeit eines Unternehmens zu erhöhen, ist das Geschäftsprozessmanagement in der Praxis weit verbreitet. Laut einer Studie zur Prozessorientierung von Unternehmen verschiedener Größen und Branchen in Deutschland von C.A. Fink hat die Prozessorientierung für das Management von Unternehmen hohe Aktualität und 67% der befragten Unternehmen beschäftigen sich stark oder sogar sehr stark mit dem Thema Geschäftsprozessmanagement.

Managementkonzept	Zusammenhang mit bzw. Bedeutung für Geschäftsprozessmanagement (GPM)
Strategisches Management	Voraussetzung für GPM
Balanced Scorecard	Wichtig für GPM
Restrukturierung	Günstig für GPM
Wertorientiertes Management	Von GPM unterstützt
Asset Management	Von GPM unterstützt
Total Quality Management	Von GPM unterstützt
Change Management	Wichtig für GPM
Wissensmanagement	Von GPM unterstützt
Customer Relationship Management	In GPM integriert
Supply Chain Management	In GPM integriert
Lean Management	Von GPM unterstützt
Simultaneous Engineering	Von GPM unterstützt
Business Process Reengineering	In GPM integriert
KAIZEN / Kontinuierlicher Verbesserungsprozess	In GPM integriert
Six Sigma	In GPM integriert
Prozesskostenrechnung	In GPM integriert
Benchmarking	Wichtig für GPM
Outsourcing	Von GPM unterstützt

Darstellung 8: Zusammenhang von Geschäftsprozessmanagement mit anderen Managementkonzepten

Quelle: vgl. Gareis, R. (Happy Projects), S. 47; Schmelzer H.J./Sesselmann, W. (Geschäftsprozessmanagement), S. 11

3.3   Ziele und Aufgaben von Geschäftsprozessmanagement

Auch wenn in der Literatur keine Einigkeit darüber herrscht, wie innovativ der Ansatz des Geschäftsprozessmanagements tatsächlich ist[52], so steht zumindest fest, dass schon im Konzept des Scientific Management durch Taylor im Zuge der Industrialisierung von Unternehmen die Zielsetzung verfolgt wurde, die Effizienz durch Gestaltung und Optimierung der Arbeitsabläufe zu erhöhen[53]. Seit der Weiterentwicklung des Konzeptes Geschäftsprozessmanagement und dessen Verbreitung durch den Beitrag von Hammer/Champy[54] gelten heute folgende Aspekte als Zielsetzung von Geschäftsprozessmanagement[55]:

- Die Sicherung der organisatorischen Effizienz: Während Effektivität bedeutet, die richtigen Dinge zu tun und somit an die Erfolgswirk-

---

[52]   vgl. Schober, H. (Prozessorganisation), S. 46-58
[53]   vgl. Beckenbach, N. (Industriesoziologie), S. 17-19
[54]   vgl. Hammer, M./Champy, J. (Reengineering)
[55]   vgl. Gareis, R./Stummer, M.

samkeit von Handlungen anschließt, bezieht sich die Effizienz darauf, die Dinge im Sinne einer effizienten Kosten-Nutzen-Relation richtig zu tun.[56] Bezogen auf Prozesse bedeutet dies, bei Sicherung der Ergebnisqualität gleichzeitig den Ressourceneinsatz bzw. Kosten sowie Durchlaufzeit zu minimieren.

- Die Organisation des organisatorischen Lernens: Bereits die Definition, Dokumentation und Kommunikation von Prozessen trägt zum organisatorischen Lernen bei, da dadurch ein Beitrag zur Konstruktion gemeinsamer Wirklichkeit in der Organisation geleistet wird. Darüber hinaus ist auch die Optimierung von Prozessen als eine Maßnahme des organisatorischen Lernens zu verstehen.

- Die Organisation des individuellen Lernens: Durch die Dokumentation von Prozessen wird ein Transfer von organisatorischem zu individuellem Wissen ermöglicht.

Zur Beschreibung der Aufgaben von Geschäftsprozessmanagement muss zuerst eine Unterscheidung zwischen Makro- und Mikro-Prozessmanagement getroffen werden. Während sich das Makro-Prozessmanagement auf das Prozessportfolio und die Beziehung zwischen Prozessen konzentriert, betrachtet das Mikro-Prozessmanagement einzelne Prozesse und deren Teilprozesse. Darstellung 9 gibt einen Überblick über die jeweiligen Aufgaben des Makro- und Mikro-Prozessmanagements.

Makro-Prozessmanagement	Mikro-Prozessmanagement
• Strukturierung des Prozessportfolios (Identifikation von Prozessen und deren Beziehungen zueinander) • Definition von Prozessmanagern • Controlling des Prozessportfolios • Definition von Standards zum Mikro-Prozessmanagement	• Planung einzelner Prozesse (Prozessabgrenzung, Prozessstrukturplanung, Prozessablaufplanung, Prozessorganisationsplanung, Prozesskennzahlenplanung) • Controlling einzelner Prozesse (Prozesskontrolle, Erstellung von Prozessberichten, Prozessoptimierung)

Darstellung 9: Aufgaben des Makro- und Mikro-Prozessmanagements

Quelle: Gareis, R./Stummer, M. (Prozesse & Projekte), S. 75f

3.4 Beschreibung und Darstellung von Geschäftsprozessen

Wie auch bei der Beschreibung der Aufgaben von Geschäftsprozessmanagement muss auch bei der Beschreibung und Darstellung von Geschäftsprozessen zwischen Makro- und Mikro-Prozessmanagement unterschieden werden. Die folgenden Ausführungen zum Makro- und Mi-

---

[56] vgl. Werner, H. (Supply Chain), S. 10

kro-Prozessmanagement basieren, sofern nicht anders angegeben, weitgehend auf den Ausführungen von Gareis und Stummer[57].

Makro-Prozessmanagement

Um nach der Identifikation der Vielzahl von in Unternehmen existierenden Geschäftsprozessen diese auch sinnvoll und übersichtlich darstellen zu können, werden die Geschäftsprozesse in unterschiedliche Klassen eingeteilt. Ein mögliches und gängiges Kriterium zur Klassifizierung von Geschäftsprozessen ist die Kundennähe, wodurch sich folgende drei Prozessklassen ergeben[58]:

- Primäre Geschäftsprozesse (jene Prozesse, die unmittelbar die betriebliche Leistungserstellung für den Kunden betreffen),

- Sekundäre Geschäftsprozesse (Prozesse, die die primären Geschäftsprozesse direkt unterstützen), und

- Tertiäre Geschäftsprozesse (Managementprozesse, die keine Kundenbeziehung aufweisen).

Grafisch können die Geschäftsprozesse in einer Prozesslandkarte dargestellt werden, die einen guten Überblick über die identifizierten Prozesse und deren Klassifizierung geben sollte. Diese Prozesslandkarte kann wiederum als Grundlage für die Darstellung eines Prozess-Netzwerkes dienen, das anstatt der Klassifizierung von Geschäftsprozessen Beziehungen zwischen den Prozessen in den Mittelpunkt der Betrachtung rückt.

In einem nächsten Schritt kann eine Prozessmanager-Liste erstellt werden, in der alle Prozesse und deren Prozessmanager abgebildet werden und somit für jeden Prozess eine verantwortliche Person definiert wird. Der Prozessmanager als Rolle ist im Rahmen des Mikro-Prozessmanagements für die Steuerung und Messung des Prozesses verantwortlich und berichtet formal an den Prozess-Owner, der die Prozessziele vorgibt und den Prozess verbessert.[59]

Ein weiterer wesentlicher Aspekt des Makro-Prozessmanagements ist die Definition von Standards für das Mikro-Prozessmanagement. Darstellung 10 gibt einen Überblick über die einzusetzenden Methoden im Mikro-Prozessmanagement.

---

[57] Gareis, R./Stummer, M. (Prozesse & Projekte)
[58] vgl. Gareis, R. (Happy Projects), S. 46f
[59] makeit information systems (ITIL v2 Foundation), S. 11

Methoden zur Prozessplanung	Verbindlichkeit der Vorgabe
Prozessabgrenzung	Muss
Prozessstrukturplan	Kann
Prozessablaufplan	Kann
Prozessaufgabenplan	Muss
Prozessorganisationsplan	Muss
Prozesskennzahlenplan	Kann
Methoden zum Prozesscontrolling	**Verbindlichkeit der Vorgabe**
Prozessbericht	Muss
Prozessbenchmarking	Kann

Darstellung 10: Einzusetzende Methoden im Mikro-Prozessmanagement

Quelle: Gareis, R./Stummer, M. (Prozesse & Projekte), S. 101

Die Definition von Standards kann auch die Bereitstellung von Regeln und Hilfsmitteln wie bspw. Vorlagen und Formulare, als auch Software zur Unterstützung des Prozessmanagements beinhalten. Typische Softwareprodukte sind zum Beispiel

- Microsoft Visio zur Prozess-Visualisierung,

- ARIS bzw. Adonis zur Modellierung und Simulation, und

- Appian Enterprise, Lombardi Teamworks bzw. Pegasystems SmartPBM Suite, die den gesamten Prozess-Lifecycle (Design, Modellierung, Execution, Monitoring und Optimierung) abdecken.

Mikro-Prozessmanagement

Im Vergleich zum Makro-Prozessmanagement bezieht sich das Mikro-Prozessmanagement und dessen Methoden auf einen einzigen Geschäftsprozess. Im Rahmen des Mikro-Prozessmanagements kann eine detaillierte Prozessabgrenzung anhand des Start- und Endereignisses des Prozesses, der Ziele, nicht-Ziele und Ergebnisse erfolgen. Zusätzlich zu den genannten Kriterien können Prozesse im Rahmen einer detaillierten Beschreibung noch anhand weiterer Kriterien näher definiert werden.

Ein Geschäftsprozess kann nach einer exakten Prozessabgrenzung in einem Prozessstrukturplan hierarchisch in seinen Teilprozessen, Prozessschritten und Arbeitsschritten dargestellt werden.[60] Diese Form der Darstellung dient einerseits dazu, untergeordnete Prozesse übersichtlich darzustellen, und andererseits die Vollständigkeit der untergeordneten Prozesse sicherzustellen.

---

[60] vgl. Schmelzer, H.J./Sesselmann, W. (Geschäftsprozessmanagement), S. 109

Zur Darstellung des Prozessablaufes, der einzelnen Aufgaben, Entscheidungen sowie Zusammenhänge können Darstellungsformen wie Flussdiagramme, ereignisgesteuerte Prozessketten, Wertschöpfungskettendiagramme und Netzpläne verwendet werden.

Die Detailplanung der Prozessaufgaben erfolgt in einem Prozessaufgabenplan, der auf Basis des Prozessstrukturplanes oder des Prozessablaufplanes erstellt werden kann. Dieser ermöglicht es, für spezifische Aufgaben Ergebnisse und Hilfsmittel zu definieren, die den für die Aufgabe verantwortlichen Personen Unterstützung bieten.

Um die Verantwortlichkeiten für die Durchführung einzelner Aufgaben darzustellen, kann ein Prozessorganisationsplan eingesetzt werden. Dieser Plan kann z.B. als Funktionendiagramm, Flussdiagramm oder einer Kombination dieser beiden Darstellungsformen visualisiert werden. Wird bspw. das Funktionendiagramm als Darstellungsform gewählt, werden in einer Matrixstruktur die Aufgaben und Rollen bzw. Personen aufgetragen. Typische Prozessaktivitäten und deren Abkürzung sind

- B – wirkt beratend mit,
- D – führt durch,
- E – entscheidet,
- I – muss informiert werden, und
- Z – stimmt zu.

Zum Controlling von Prozessen werden Prozesskennzahlen eingesetzt. Dabei ist darauf zu achten, dass die Prozesskennzahlen direkt von den Prozesszielen abhängig, quantifizierbar, erreichbar und vergleichbar sind. Typische Prozesskennzahlen sind

- Kundenbeziehung,
- Prozessdauer,
- Termintreue,
- Prozesskosten und Prozessprofit,
- Prozessqualität, und
- Prozessergebnisqualität.

Die Ergebnisse des Prozesscontrollings können anschließend in einem Prozessbericht dokumentiert werden. Die Leistungsfähigkeit eines Prozesses wird dabei anhand der Prozesskennzahlen ermittelt, die als Basis für eine kontinuierliche Verbesserung des Prozesses dienen. Wenn sich Abweichungen der Prozesskennzahlen von den Zielvorgaben ergeben, sollten die Abweichungen näher analysiert und die Ursache erforscht werden, um entsprechende Maßnahmen zur Gegensteuerung definieren zu können.

Auf Basis der erhobenen Prozesskennzahlen kann außerdem ein Prozessbenchmarking durchgeführt werden. Allgemein formuliert wird in einem Benchmarking die eigene Leistung mit der Leistung des jeweils besten Unternehmens verglichen, um daraus einerseits Schwachstellen der eigenen Organisation zu identifizieren und Verbesserungsmaßnahmen abzuleiten, und andererseits die eigene Wettbewerbsposition im Vergleich zu anderen Unternehmen zu ermitteln. Objekte des Benchmarkings können neben Produkten und Dienstleistungen auch Prozesse sein. Eine große Herausforderung im Rahmen des Benchmarkings besteht jedoch darin, für das jeweilige Benchmarking-Objekt relevante Vergleichsdaten zu erhalten.

3.5 Geschäftsprozesse in projektorientierten Unternehmen

3.5.1 Überblick über Geschäftsprozesse in projektorientierten Unternehmen

Viele projektorientierte Unternehmen zeichnen sich bereits durch eine Prozessorientierung aus.[61] Die steigende Bedeutung von Prozessmanagement lässt sich auch daran erkennen, dass Prozessmanagement als eigene Dimension im Maturity-Modell des projektorientierten Unternehmens aufgenommen wurde. Projektorientierte Unternehmen zeichnen sich durch folgende spezifische Geschäftsprozesse aus, die im Maturity-Modell ersichtlich sind:

- Projektmanagement: Der Prozess Projektmanagement besteht aus den Teilprozessen Projektstart, Projektkoordination, Projektcontrolling, eventuell Bewältigung einer Projektdiskontinuität und Projektabschluss; der Prozess beginnt mit der Projektbeauftragung und endet mit der Projektabnahme.

- Programmmanagement: Der Prozess Programmmanagement verläuft analog zum Prozess Projektmanagement und beinhaltet die Teilprozesse Programmstart, Programmkoordination, Programmcontrolling, eventuell Bewältigung einer Programmdiskontinuität und Programmabschluss.

---

[61] vgl. Gareis, R. (Happy Projects), S. 547

- Sicherung der Managementqualität in einem Projekt oder Programm: Die Qualität im Projekt oder Programm kann durch Management-Consulting und Management-Auditing sichergestellt werden.

- Beauftragung eines Projekts oder Programms: In diesem Prozess wird die Basis für eine Entscheidung zur Projekt- oder Programmdurchführung geschaffen und eine Investitionsentscheidung getroffen; das Projekt oder Programm wird beauftragt, wenn die Investitionsentscheidung positiv ausfällt.

- Projektportfolio-Koordination und Projekte-Netzwerken: Im Prozess der Projektportfolio-Koordination werden Projekte gestartet bzw. abgebrochen, Prioritäten zwischen Projekten gesetzt und interne und externe Ressourcen koordiniert; das Projekte-Netzwerken stellt die Nutzung von Synergien im Projekte-Netzwerk sicher.

- Organisatorisches Design: Der Prozess umfasst die Etablierung eines PM-Office, einer Projektportfolio Group und von Experten Pools, die Erstellung von Richtlinien, Formularen und Standardprojektplänen.

- Personalmanagement: Zur Darstellung des Personalmanagement-Prozesses in projektorientierten Unternehmen siehe Kapitel 2.4.

- Prozessmanagement: Der Prozessmanagement-Prozess wurde als letzte Dimension in das Maturity-Modell aufgenommen und ist insofern wichtig, als dass umso besser ein projektorientiertes Unternehmen im Prozessmanagement ist, desto bessere Projektergebnisse liefert das Unternehmen bei repetitiven Projekten und Programmen.

3.5.2 Rollen und Organisation zur Umsetzung der Prozessorientierung

Nach Gareis und Stummer[62] sind folgende Rollen zur Umsetzung der Prozessorientierung notwendig: Prozessmanager, Prozessmanagement-Team, Prozessmanagement Office (PzM Office) und Führungskräfte im prozess- und projektorientierten Unternehmen.

Prozessmanager

Der Prozessmanager wird von der Geschäftsführung eingesetzt, berichtet in Abhängigkeit der Unternehmensgröße meist der Geschäftsführung und dem Prozessmanagement Office und ist in seiner Rolle für das Mikro-Prozessmanagement verantwortlich und somit an die Prozessmanagement-Standards des Unternehmens gebunden. Auch wenn die Rolle Prozessmanager keine inhaltliche Mitarbeit bei der Durchführung des Pro-

---

[62] vgl. Gareis, R./Stummer, M. (Prozesse & Projekte), S. 213-219

zesses vorsieht, sind die Personen in der Rolle des Prozessmanagers häufig auch inhaltliche Experten mit Verantwortung in der Prozessdurchführung.

Aufgaben des Prozessmanagers sind

- Prozessabgrenzung,
- Prozessstrukturplanung, Prozessablaufplanung, Prozessorganisationsplanung,
- Definition von Prozesskennzahlen,
- Umsetzung der Prozessmanagement-Standards des Unternehmens,
- Controlling des Prozesses,
- Optimierung des Prozesses,
- Dokumentation des Prozesses,
- Abstimmung von Beziehungen zu anderen Prozessen, und
- Kommunikation von Veränderungen des Prozesses.

Prozessmanagement-Team

Sind in einem Unternehmen sehr umfangreiche Prozesse vorhanden, ist es oft zielführend ein Prozessmanagement-Team zu etablieren, das den Prozessmanager in der Planung und beim Controlling des Prozesses unterstützt sowie Prozessoptimierungen mitgestaltet. Das Prozessmanagement-Team wird vom Prozessmanager geleitet.

Prozessmanagement Office (PzM Office)

Das Prozessmanagement Office unterstützt als Stabstelle oder Service Zentrum die Professionalisierung des Prozessmanagements im Unternehmen und sichert individuelle, kollektive und organisatorische Kompetenzen im Prozessmanagement.

Die Aufgaben des Prozessmanagement Office umfassen:

- Identifikation von Prozessen und Definition von Prozess-Ketten (gemeinsam mit Führungskräften),
- Definition von Standards für das Mikro-Prozessmanagement,
- Kontrolle der Umsetzung der Standards für das Mikro-Prozessmanagement,
- Unterstützung der Prozessmanager beim Mikro-Prozessmanagement,

- Organisation von Maßnahmen zur Personalentwicklung in Bezug auf Prozessmanagement, und

- Sicherstellung der Infrastruktur für das Prozessmanagement.

Führungskraft im prozess- und projektorientierten Unternehmen

Als Führungskräfte werden im prozess- und projektorientierten Unternehmen der Vorstand bzw. die Geschäftsführung und andere Manager in der Linie gesehen. Zur Umsetzung der Prozessorientierung ist eine konstruktive Zusammenarbeit der Prozessmanager und des Prozessmanagement Office mit den Führungskräften erforderlich.

Die Aufgaben der Führungskräfte in Zusammenarbeit mit Prozessmanager und Prozessmanagement Office umfassen:

- Makro-Prozessmanagement,

- Umsetzung von Prozessen in den jeweiligen Organisationseinheiten,

- Eventuell Mitarbeit in Prozessmanagement-Teams, und

- Gemeinsames Projektcontrolling.

3.5.3 Kompetenzen

Unter Kompetenz wird "ein auf Wissen und Erfahrung beruhendes Potential zur Erfüllung einer organisatorischen Rolle"[63] verstanden. Wissen und Erfahrung sind voneinander abhängig, da Wissen die Grundlage zur Sammlung von Erfahrungen darstellt, die wiederum das Wissen erweitert. Um eine Rolle im Prozessmanagement erfolgreich wahrzunehmen, sind auch Projektmanagement-Kompetenzen notwendig, da die Arbeit des Prozessmanagements häufig in der Form von Projekten durchgeführt wird. Gleichzeitig benötigen Projektmanager und Projektteammitglieder Kompetenzen im Prozessmanagement, da Prozesse zunehmend als Betrachtungsobjekte in Projekten auftreten. Darstellung 11 gibt einen Überblick über die benötigten Prozessmanagement-Kompetenzen von Prozessmanagern und Prozessmanagement-Teams.[64]

---

[63] Huemann, M. (Kompetenzen), S. 36
[64] vgl. Gareis, R./Stummer, M. (Prozesse & Projekte), S. 249f

	Prozessmanagement-Wissen					Prozessmanagement-Erfahrung				
	5	4	3	2	1	1	2	3	4	5
	sehr viel	viel	durchschnittlich	gering	klein	keine	geringe	durchschnittliche	viel	sehr viel
Prozessdefinition	■	▨						▨	■	
Makro-Prozessmanagement: Liste, Landkarte	■	▨						▨	■	
Makro-Prozessmanagement: Netzwerk, Kette	■	▨						▨	■	
Mikro-Prozessmanagement: Abgrenzung, etc.	■	▨						▨	■	
Mikro-Prozessmanagement: Organisation, etc.	■	▨						▨	■	
Mikro-Prozessmanagement: Optimierung	■	▨						▨	■	
Gestaltung des Prozessmanagements	■	▨						▨	■	

Legende

■ Prozessmanager
▨ Mitglied Prozessmanagement-Team

Darstellung 11: Prozessmanagement-Kompetenzen

36

4 Rekrutierung

Das Thema Personalmanagement ist für Unternehmen von steigender Bedeutung. Trotz starkem Rationalisierungsdruck in Unternehmen und teilweise massiver Maßnahmen zum Stellenabbau in großen Konzernen wird gleichzeitig eine Vielzahl qualifizierter Mitarbeiter gesucht, die jedoch häufig nur schwer am Arbeitsmarkt zu finden sind. Beispiele dazu sind die folgenden Mitarbeitergruppen:

- High Potentials, die als Führungskräfte von morgen gelten und die von vielen Unternehmen eng umworben werden,

- Ingenieure, die neben einer soliden technischen Ausbildung auch ein betriebswirtschaftliches Verständnis und eine hohe soziale Kompetenz besitzen, und

- Facharbeiter, die bereits heute in den stark wachsenden Ländern der Europäischen Union fehlen und zukünftig das Wirtschaftswachstum bremsen könnten.

Um die benötigten Mitarbeiter am Arbeitsmarkt gewinnen zu können, ist entsprechend professionelle Rekrutierung notwendig. In diesem Kapitel werden zunächst die Ziele und Aufgaben von Rekrutierung definiert, der Prozess inklusive der Organisation beleuchtet, konkrete Methoden vorgestellt und spezifische Herausforderungen zusammengefasst.

4.1 Ziele und Organisation von Rekrutierung

4.1.1 Ziele von Rekrutierung

Die allgemeine Zielsetzung und Aufgabe von Rekrutierung ist die rechtzeitige Bereitstellung der benötigten Mitarbeiter in der richtigen Quantität und Qualität am entsprechenden Ort.[65] Richtig bedeutet in diesem Zusammenhang ein möglichst hoher Grad an Übereinstimmung einerseits zwischen den Anforderungen des Arbeitsplatzes und der Qualifikation des Mitarbeiters, und andererseits zwischen den Spezifika der Organisation und der Spezifika des Mitarbeiters.[66] Die Übereinstimmung zwischen Mitarbeiter und Arbeitsplatz sollte dabei auf drei Ebenen erfolgen[67]:

- Anforderungen der vorhergesehenen Tätigkeit mit den Qualifikationen (Fähigkeiten, Fertigkeiten und Kenntnissen) des Bewerbers,

---

[65] vgl. Jung, H. (Personalwirtschaft), S. 134
[66] vgl. Haltmeyer, B./Lueger, G. (Beschaffung und Auswahl), S. 408
[67] vgl. Schuler, H. (Personalauswahl), S. 12f

- Das Befriedigungspotenzial der Tätigkeit mit den Bedürfnissen und Interessen des Bewerbers,
- Zu erwartende Veränderungen der Tätigkeit mit dem Entwicklungspotential des Bewerbers.

Im Zuge der Rekrutierung müssen dementsprechend Methoden gefunden werden, um auf der Basis möglichst umfangreicher und realistischer Informationen sicherzustellen, dass jener potentielle Mitarbeiter mit der besten Übereinstimmung zwischen Tätigkeit, Organisation und Person eingestellt wird. Rekrutierung ist dabei kein unabhängiger und losgelöster Prozess, sondern ist in andere Personalmanagement-Prozesse eingebettet. Darstellung 12 gibt einen Überblick über vor- und nachgelagerte Personalmanagement-Prozesse.

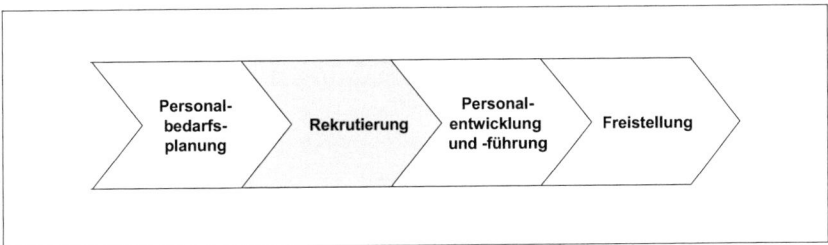

Darstellung 12: Einbettung des Prozesses Rekrutierung in andere Personalmanagement-Prozesse

Personalbedarfsplanung

Die Anzahl der zu rekrutierenden Mitarbeiter ergibt sich aus der Personalbedarfsplanung als Vorgabe für die Rekrutierung. In einer integrierten Personalplanung ergibt sich der Nettopersonalbedarf aus dem Vergleich zwischen Bruttopersonalbedarf (beeinflusst durch interne und externe Faktoren) und Personalbestand (siehe Darstellung 13). Sind am Arbeitsmarkt ausreichend viele Arbeitskräfte mit entsprechenden Qualifikationen verfügbar, kann die Rekrutierung auch kurzfristig ohne vorhergehende langfristige Planung ablaufen. Ist dies jedoch nicht der Fall, so ist vor der Rekrutierung eine sorgfältige Planung durchzuführen und gegebenenfalls durch Arbeitsmarktanalysen und Personalmarketing zu ergänzen. Durch diese sorgfältige Planung wird der Erfolg der Rekrutierungsmaßnahmen auf jeden Fall positiv beeinflusst.

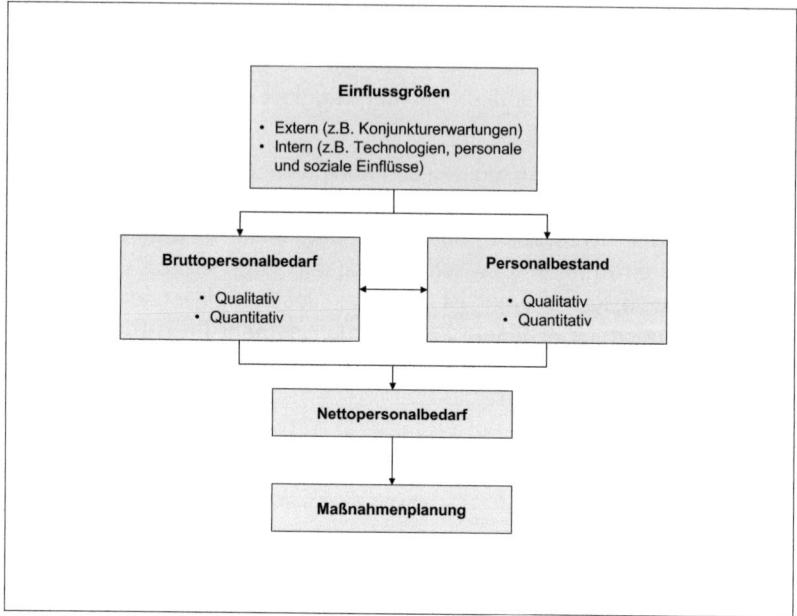

Darstellung 13: Ermittlung des Nettopersonalbedarfs

Quelle: vgl. Ridder, H.-G. (Personalwirtschaftslehre), S. 130

Personalentwicklung und -führung

Das Ziel der Personalentwicklung besteht darin, Mitarbeiter durch Quali-
fikationsmaßnahmen bei der Bewältigung gegenwärtiger und zukünftiger
Anforderungen zu unterstützen. Die entsprechenden Methoden sind
Aus-, Fort- und Weiterbildung, um die fachliche, soziale und methodische
Kompetenz von Mitarbeitern zu erhöhen. Um diese Methoden für das Unternehmen zielführend einzusetzen, ist vor Durchführung der Maßnahmen der genaue Entwicklungsbedarf für den jeweiligen Mitarbeiter zu bestimmen.[68]

Die Personalführung dient zur Koordination der Mitarbeiter im Unternehmen und ist somit ein Teilbereich der Unternehmensleitung, der sich
durch folgende Aspekte charakterisieren lässt:

- Beteiligung von mindestens zwei Personen (Führer und Geführter),

- Es findet eine soziale Interaktion statt,

---

[68]   vgl. Jung, H. (Personalwirtschaft), S. 250-255

- Die Führung wird mit dem Ziel verfolgt, bestimmte Ergebnisse zu erreichen oder Aufgaben zu erfüllen, und
- Die Führung löst ein bestimmtes Verhalten aus bzw. steuert dieses.

Die Aufgabe von Personalführung lässt sich in zwei große Teilbereiche gliedern:

- Motivation der Mitarbeiter zur Kooperation, um gemeinsame Ziele zu erreichen, und
- Förderung des Zusammenhaltes und der Loyalität innerhalb der Gruppe.[69]

Freistellung

Der Prozess Freistellung wird in Kapitel 5 näher dargestellt und an dieser Stelle nicht weiter behandelt.

4.1.2 Organisation von Rekrutierung

Im Rahmen der Rekrutierung im weiteren Sinne wirken verschiedene Träger der Personalarbeit im Unternehmen mit[70]:

- Die Geschäftsführung bzw. der Vorstand mit dem Recht und der Pflicht das Unternehmen zu vertreten, was das Personalmanagement und somit auch die Rekrutierung beinhaltet,
- Die Personalabteilung im Rahmen der Planung, Verwaltung, Durchführung und Bereitstellung von Expertise,
- Vorgesetzte im Rahmen ihrer Involvierung bei der Durchführung der Rekrutierung, und
- Eventuell der Betriebsrat durch seine Informations-, Mitsprache- und Mitbestimmungsrechte bei Personalentscheidungen.

Der Grad der Einbeziehung dieser Akteure und die konkrete organisatorische Ausgestaltung der Rekrutierung sind insbesondere von der Organisation der Personalabteilung abhängig, weshalb verschiedene Möglichkeiten zur Organisation nachfolgend kurz vorgestellt werden. Da die Geschäftsführung und der Betriebsrat in der operativen Durchführung der Rekrutierung nur eine untergeordnete Rolle spielen, wird auf diese beiden Rollen nicht weiter eingegangen, so dass sich die Frage der Aufgaben- und Kompetenzverteilung in erster Linie zwischen der Personalabteilung und der Fachabteilung stellt.

---

[69] vgl. Jung, H. (Personalwirtschaft), S. 410
[70] vgl. von Eckardstein, D. (Personalmanagement), S. 369

Darstellung 14 gibt einen Überblick über das mögliche Kontinuum der Aufgaben- und Kompetenzverteilung zwischen Personal- und Fachabteilung, das von der alleinigen Zuständigkeit der Personalabteilung bis hin zur alleinigen Zuständigkeit der Fachabteilung reicht.

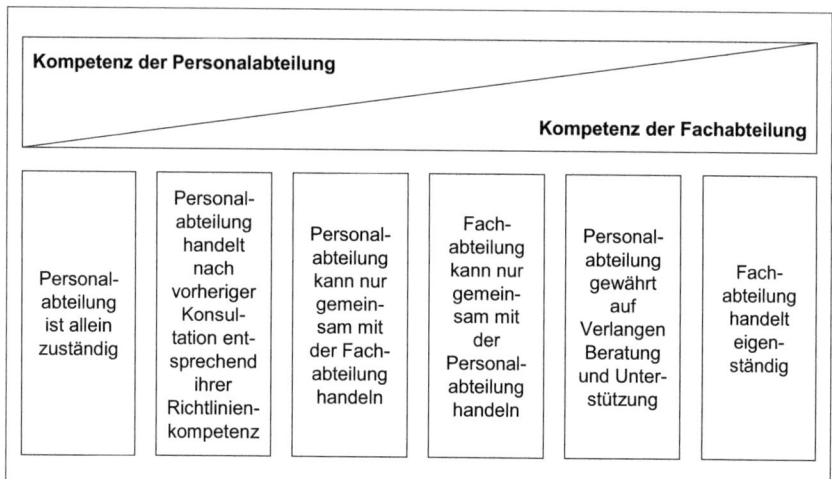

Darstellung 14: Kontinuum der Aufgaben- und Kompetenzverteilung zwischen Personal- und Fachabteilung

Quelle: Sauder, G./Schmidt, H. (Personalabteilung), S. 92

Äußere Organisation der Personalabteilung – Ansiedlung in der betrieblichen Hierarchie

Bezüglich der hierarchischen Ansiedlung der Personalverantwortung gilt aus Sicht des Personalmanagements grundsätzlich, dass je höher die Verantwortung im Unternehmen angesiedelt ist, desto besser – idealer Weise ist der Leiter der Personalabteilung Mitglied der Geschäftsführung bzw. des Vorstandes, um der Bedeutung von Humanressourcen in modernen wissensintensiven Unternehmen gerecht zu werden.[71] Insgesamt gibt es für die hierarchische Eingliederung folgende vier Möglichkeiten[72]:

- Die Personalabteilung als eigenständiges und gleichberechtigtes Ressort der Geschäftsführung bzw. des Vorstandes, wobei der Leiter der Personalabteilung ein Mitglied der Geschäftsführung oder des Vorstandes ist,

---

[71] vgl. Möllhoff, D. (Personalmanagement), S. 25
[72] vgl. Berthel, J./Becker, F.G.: (Personalmanagement), S. 493

41

- Der Leiter der Personalabteilung berichtet direkt an ein Mitglied der Geschäftsführung bzw. des Vorstandes, das die Verantwortung für Personal trägt,

- Der Leiter der Personalabteilung berichtet der Geschäftsführung bzw. dem Vorstand als Organ, ohne dass ein spezifisches Mitglied der Geschäftsführung bzw. des Vorstandes explizit für Personal verantwortlich ist, oder

- Der Leiter der Personalabteilung berichtet an eine Hierarchieebene unterhalb der Geschäftsführung bzw. des Vorstandes, d.h. zwischen dem Leiter der Personalabteilung und der Geschäftsführung besteht noch eine zusätzliche Hierarchieebene und somit keine direkte Verbindung des Leiters der Personalabteilung zur Geschäftsführung bzw. zum Vorstand.

Neben der hierarchischen Ansiedlung der Personalabteilung spielt für die Rekrutierung auch der Grad der Zentralisierung bzw. Dezentralisierung der Personalabteilung eine Rolle, wobei hier folgende organisatorische Möglichkeiten bestehen:

- Zentrale Eingliederung – die Aufgaben, Entscheidungsrechte und Kontrolle der Ressourcen sind in einer organisatorischen Einheit gebündelt,

- Dezentrale Eingliederung – die Aufgaben, Entscheidungsrechte und Kontrolle der Ressourcen sind auf mehrere organisatorische Einheiten aufgeteilt, oder

- Beschränkte zentrale Eingliederung, die eine Mischform aus zentraler und dezentraler Eingliederung darstellt.

Die Vorteile einer zentralen Eingliederung bestehen darin, dass

- die Personalarbeit einheitlich ausgerichtet ist,

- bereichsübergreifende Personalaktivitäten einfacher koordiniert werden können,

- in der Regel mehr Kapazität zur Bearbeitung strategischer Fragestellungen zur Verfügung steht,

- Doppelarbeit leichter vermieden werden kann,

- Ressourcen einfacher zu planen und zu steuern sind, und

- Spezialisten effizienter eingesetzt werden können.

Die Vorteile einer dezentralen Eingliederung bestehen hingegen darin, dass

- die Personalarbeit besser auf die spezifischen Anforderungen einzelner Bereiche oder Funktionen ausgerichtet werden kann,

- die Personalaufgaben flexibel an veränderte Anforderungen von Bereichen oder Abteilungen angepasst werden können,

- eine klare Zuordnung der dezentralen Personalfunktionen zu Bereichen oder Abteilungen besteht, und

- Personalmaßnahmen aufgrund einer besseren Informationsbasis durch Nähe zu den Bereichen oder Abteilungen effizienter durchgeführt werden können.[73]

Interne Organisation der Personabteilung – interne Strukturierung

Für die interne Organisation der Personalabteilung stehen zwei grundsätzliche Möglichkeiten zur Verfügung[74]:

- Gliederung nach funktionalen Kriterien, bei der die Personalabteilung nach gleichartigen personalwirtschaftlichen Tätigkeiten strukturiert wird, um die Effizienz zu steigern und die Personalarbeit einheitlich auszurichten, und

- Gliederung nach objektbezogenen Kriterien mit Personalreferenten, die für eine bestimmte Personengruppe und die Gesamtheit der personalwirtschaftlichen Tätigkeiten verantwortlich sind, was mit einer stärkeren Orientierung an den internen Kunden und einer höheren Flexibilität einhergeht.

Bei der Rekrutierung von neuen Mitarbeitern ist die Personalabteilung jedenfalls auf eine enge Zusammenarbeit mit den Führungskräften in den Abteilungen angewiesen, um bspw. die entsprechenden Anforderungen an zukünftige Mitarbeiter der Abteilung zu erheben und dementsprechendes Personal rekrutieren zu können.

4.2 Beschreibung des Rekrutierungsprozesses

Der Rekrutierungsprozess (siehe Darstellung 15) steht in engem Zusammenhang mit vor- und nachgelagerten Prozessen. Als Input für die Rekrutierung dient der Personalbedarf und im Anschluss an die Rekrutierung bzw. dem Eintritt in das Unternehmen folgt die Personalentwicklung und -führung. Der Prozess Rekrutierung lässt sich in zwei Prozesse unterteilen:

---

[73] vgl. Berthel, J./Becker, F.G.: (Personalmanagement), S. 494-496
[74] vgl. Holtbrügge, D. (Personalmanagement) S. 52f

- Personalbeschaffung mit dem Ziel, attraktive Bewerber zu finden, und

- Personalauswahl mit dem Ziel, den am besten geeigneten Bewerber auszuwählen.

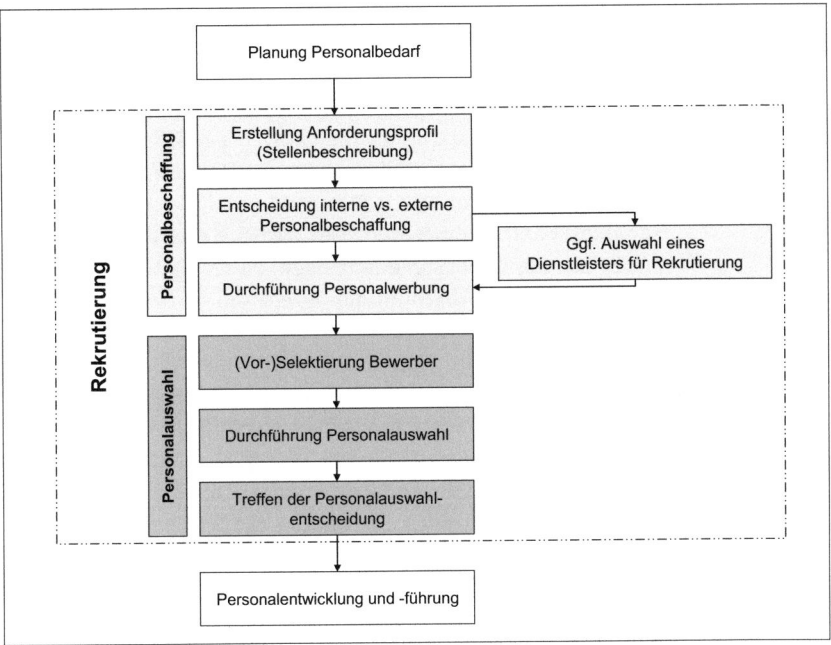

Darstellung 15: Rekrutierungsprozess

Quelle: in Anlehnung an von Eckardstein, D. (Personalmanagement), S. 407

Der Rekrutierungsprozess beinhaltet folgende Schritte:

- Erstellung Anforderungsprofil (Stellenbeschreibung): Auf Basis des geplanten Personalbedarfs wird in einem weiteren Schritt festgelegt, welche Anforderungen an einen Bewerber gestellt werden und welche Qualifikationen er folglich aufweisen muss. Ausgangspunkt für die Erstellung eines Anforderungsprofiles ist die zu besetzende Stelle.

- Entscheidung interne vs. externe Personalbeschaffung: Ausgehend vom Anforderungsprofil können die geeigneten Methoden zur Personalbeschaffung ausgewählt werden. Diese lassen sich in zwei große Bereiche unterteilen:

o Interne Personalbeschaffung: Die interne Personalbeschaffung gewinnt an Bedeutung, da diese den bestehenden Mitarbeitern Aufstiegsmöglichkeiten eröffnen und die benötigten Qualifikationen am Arbeitsmarkt häufig nicht oder nur schwer zu finden sind.

o Externe Personalbeschaffung: Bevor ein Unternehmen am externen Arbeitsmarkt Maßnahmen zur Personalbeschaffung durchführt, sollten idealer Weise bereits davor gezielte Maßnahmen zur Imagepflege getroffen worden sein. Je nach Arbeitsmarktsituation, Dringlichkeit, Größenordnung des gesuchten Personals und dem für die Rekrutierung zur Verfügung stehendem Budget kann eine aktive und passive Personalbeschaffung erfolgen. Die aktive Personalbeschaffung (z.B. Schalten von Stellenanzeigen, Nutzung neuer Kommunikationswege, Rekrutierung direkt an Universitäten und Fachhochschulen, Einschaltung von Personalberatern etc.) ist vor allem dann notwendig, wenn die Arbeitsmarktlage angespannt ist oder ein größerer Personalbedarf gegeben ist. Bei einer entspannten Arbeitsmarktsituation mit hoher Arbeitslosigkeit und geringem und nicht dringlichem Personalbedarf kann von Unternehmen auch eine passive Personalbeschaffung erfolgen, bei der auf Stellengesuche oder Arbeitsagenturen zurückgegriffen wird.[75]

- Gegebenenfalls Auswahl Rekrutierungsdienstleister: In bestimmten Fällen kann es sinnvoll sein, einen externen Rekrutierungsdienstleister für die Suche und Auswahl bzw. Vorauswahl von Bewerbern zu beauftragen. Vorteile bestehen vor allem darin, dass sich das Unternehmen auf seine Kernkompetenzen konzentrieren kann, fixe Kosten in variable Kosten umgewandelt werden, die Qualität der Leistung durch Spezialisierung des Rekrutierungsdienstleisters gesteigert wird und sich die Flexibilität erhöht. Nachteile sind vor allem hohe Kosten, eine Abhängigkeit bei spezifischen Leistungen und die Gefahr eines Know-how-Verlustes. Beispiele für Dienstleister in diesem Bereich sind Korn/Ferry, Heidrick & Struggles, Egon Zehnder, Kienbaum, Ray & Berndtson und Jenewein Consulting.[76]

- Durchführung Personalwerbung: Das Ziel der Personalwerbung besteht darin, möglichst viele qualifizierte Bewerber zu erreichen. Dabei werden einerseits Informationen über das Unternehmen, den Ar-

---

[75] vgl. Jung, H. (Personalwirtschaft), S. 136-152
[76] vgl. Holtbrügge, D. (Personalmanagement) S. 60-62

beitsplatz, die Anforderungen, Anreize, den Bewerbungsvorgang und den Zeitpunkt der Stellenbesetzung für den potentiellen Bewerber bereitgestellt. Gleichzeitig wird versucht, potentielle Bewerber nicht nur zu informieren, sondern diese zu einer Bewerbung zu animieren.[77]

- (Vor-)Selektierung Bewerber: Ausgangspunkt für die Selektierung von Bewerbern ist das Anforderungsprofil, welches die Soll-Qualifikationen eines Mitarbeiters beinhalten. Diese Soll-Qualifikationen können bei Vorliegen von Bewerbungen mit den vorhandenen Qualifikationen verglichen werden.[78] Häufig wird auf Basis von schriftlichen Bewerbungsunterlagen eine erste (Vor-)Selektierung der Bewerber durchgeführt. Dies dient einerseits dazu, die Effizienz zu erhöhen, und andererseits führen zwei- oder mehrstufige Auswahlentscheidungen in der Regel zu einer höheren Qualität der Auswahlentscheidung.

- Durchführung Personalauswahl: Für die Personalauswahl steht eine Reihe von Methoden zur Verfügung. Diese Methoden dienen dazu, möglichst zuverlässige Informationen über die Qualifikationen der Bewerber zu sammeln. Die einzelnen Methoden werden im Überblick in Kapitel 4.4 dargestellt.

- Treffen der Personalauswahlentscheidung: Nachdem ein möglichst umfassendes Bild der einzelnen Bewerber vorliegt, kann abschließend eine Auswahlentscheidung getroffen werden.

4.3 Herausforderungen bei der Rekrutierung

Im Bereich der Rekrutierung gibt es unzählige Herausforderungen auf verschiedenen strategischen und operativen Ebenen mit geographischen Spezifika, die im Rahmen dieser Arbeit nicht vollständig abgedeckt und behandelt werden können. Aus Platzgründen kann an dieser Stelle nur auf aktuelle Kernherausforderungen der Rekrutierung eingegangen werden. The Boston Consulting Group[79] hat in Zusammenarbeit mit der World Federation of Personnel Management Association[80] die Zukunft von Personalmanagement und die Kernherausforderungen in Europa bis zum Jahr 2015 beleuchtet. Dazu wurde eine Umfrage in 83 Ländern durchgeführt, bei der 4.700 Führungskräfte zu 17 Themen aus dem Be-

---

[77] vgl. von Eckardstein, D. (Personalmanagement), S. 420f
[78] vgl. von Eckardstein, D. (Personalmanagement), S. 425
[79] www.bcg.com
[80] www.wfpma.com

reich Personalmanagement befragt wurden, darunter auch zum Thema Rekrutierung. Die Kernherausforderungen in diesem Bereich stehen in engem Zusammenhang mit dem Engpass an qualifizierten Mitarbeitern und sind demnach[81]:

- Global recruiting: Um einen Engpass an qualifizierten Mitarbeitern zu verhindern, müssen europäische Unternehmen schon jetzt damit beginnen, in neue geographische Regionen vorzustoßen um dort Zugang zu qualifiziertem Personal zu bekommen.

- Assessment of quantitative and qualitative needs for talent in light of strategic and business requirements: Die Planung des Personalbedarfs, sowohl quantitativ als auch qualitativ, muss unter dem Aspekt der strategischen und unternehmerischen Anforderungen erfolgen. Wenn ein Unternehmen bspw. in neue geographische Regionen expandiert oder sich in einer Phase starken Wachstums befindet, müssen dafür auch die entsprechenden personellen Ressourcen vorhanden sein. Zur Vorausplanung ist es daher notwendig, die entsprechenden Arbeitsmärkte genau zu kennen. Ist absehbar, dass das benötigte Personal nicht in der erforderlichen Quantität, Qualität, Zeit und sinnvollem Aufwand zu beschaffen ist, muss eine unverzügliche Rückkoppelung mit der Unternehmensplanung erfolgen.

- Identification of best avenues for reaching required employees: Um die für ein Unternehmen spezifisch benötigte Expertise zu erhalten, müssen Unternehmen die entsprechenden Gruppen von Mitarbeitern identifizieren und Wege finden, diese bestmöglich zu erreichen. Ein Unternehmen, das bspw. Mitarbeiter mit Expertise in Informatik sucht, kann an entsprechenden Universitäten rekrutieren und Verbindungen zu professionellen Netzwerken in diesem Bereich aufbauen.

- Close alignment of value proposition for employees with their desires and the company's brand: Um für die besten Bewerber am Arbeitsmarkt und bestehende Mitarbeiter attraktiv zu sein, muss das Wertversprechen des Arbeitgebers einerseits mit den Anforderungen potentieller und bestehender Mitarbeiter, und andererseits mit der Marke des Unternehmens gut abgestimmt sein.

- Meet the needs and goals unique to different ethnic groups and nationalities, women, and older workers: Um das verfügbare Angebot von Arbeitskräften bestmöglich auszunützen und aus einem möglichst breiten Pool an qualifizierten Mitarbeitern schöpfen zu kön-

---

[81] vgl. The Boston Consulting Group (Future of HR), S. 2f

nen, müssen Unternehmen verstärkt auf verschiedene Gruppen von Mitarbeitern Acht nehmen, wie bspw. verschiedene ethnische Gruppen und Nationalitäten, weibliche Arbeitskräfte und ältere Arbeitnehmer. Um diese Gruppen von Mitarbeitern anzusprechen, müssen entsprechende zielgruppenspezifische Angebote entwickelt und kommuniziert werden.

4.4 Methoden der Rekrutierung

Entsprechend der Unterteilung des Rekrutierungsprozesses in Personalbeschaffung und Personalauswahl werden im Folgenden auch die Methoden nach dieser Differenzierung dargestellt.

4.4.1 Methoden der Personalbeschaffung

Die Methoden der Personalbeschaffung lassen sich in interne und externe Methoden unterscheiden. Die Beschaffung von Personal innerhalb des Unternehmens gewinnt insgesamt an Bedeutung, da sich diese Methode einerseits positiv auf Karrierewünsche und Mitbestimmungseinflüsse der Mitarbeiter auswirkt, und andererseits der externe Arbeitsmarkt häufig nicht die entsprechenden Mitarbeiter bereithält. In vielen Fällen ist es jedoch notwendig, auf den externen Arbeitsmarkt zurückzugreifen, wenn z.B. die gesuchten Qualifikationen unternehmensintern nicht vorhanden sind oder nicht die benötigte Anzahl an verfügbaren Mitarbeitern vorhanden ist.[82] Für die Auswahl der einzusetzenden Methode sind noch zwei weitere Kriterien von Bedeutung: Einerseits muss ein Zugang zur Zielgruppe gewährleistet sein, und andererseits ist auch die Effektivität der Maßnahmen zu bewerten.[83] Um diese beiden Kriterien in die Auswahl von Methoden der Personalbeschaffung miteinbeziehen zu können ist eine Analyse des relevanten Arbeitsmarktes notwendig, in der geklärt wird, wo potentielle Mitarbeiter anzutreffen sind und wie diese möglichst gezielt angesprochen werden können.[84]

Nachfolgend werden die internen und externen Methoden zur Personalbeschaffung im Überblick dargestellt.[85]

---

[82] vgl. Jung, H. (Personalwirtschaft), S. 136, S. 143
[83] vgl. von Eckardstein, D. (Personalmanagement), S. 423f
[84] vgl. Dincher, R. (Personalmarketing und Personalbeschaffung), S. 22
[85] vgl. Jung, H. (Personalwirtschaft), S. 136-152; Haltmeyer, B./Lueger, G. (Beschaffung und Auswahl), S. 414-420; Berthel, J./Becker, F.G. (Personalmanagement), S. 247-262; Bröckermann, R./Pepels W. (Recruitment), S. 69-191

Interne Methoden

Bei der internen Personalbeschaffung kann zwischen Methoden ohne Personalbewegung und mit Personalbewegung unterschieden werden. Die Personalbeschaffung ohne Personalbewegung umfasst folgende Methoden:

- Mehrarbeit, Überstunden, Verlängerung der betriebsüblichen Arbeitszeit und Urlaubsverschiebung: Diese Methoden dienen häufig zur Abdeckung eines kurzfristig erhöhten Arbeitsbedarfes, der grundsätzlich mit den vorhandenen Mitarbeitern abgedeckt werden kann. Wird diese Lösung über einen längeren Zeitraum aufrechterhalten, kann sich dadurch eine Überbeanspruchung von Mitarbeitern mit entsprechenden negativen gesundheitlichen und sozialen Folgen ergeben.

- Qualifizierung der Mitarbeiter: Die Qualifizierung von Mitarbeitern kann als präventive Maßnahme gesehen werden, um die Effektivität und/oder die Effizienz zu erhöhen. Mitarbeiter können dadurch flexibler eingesetzt werden, und es kann mit quantitativ und qualitativ besseren Arbeitsergebnissen der Mitarbeiter gerechnet werden.

- Einarbeitung und Umschulung: Die planmäßige Einarbeitung bzw. Umschulung von ungelernten Arbeitskräften stellt eine weitere Möglichkeit der internen Personalbeschaffung dar.

Die Personalbeschaffung mit Personalbewegung beinhaltet folgende Methoden:

- Versetzung durch Weisung oder Änderungskündigung: Bei einer horizontalen Versetzung bleibt der Mitarbeiter auf derselben Hierarchiestufe, während bei einer vertikalen Versetzung ein hierarchischer Auf- oder Abstieg erfolgt. Insbesondere bei vertikalen Versetzungen entsteht wiederum eine personelle Lücke an der ursprünglichen Stelle, die nachbesetzt werden muss und gegebenenfalls durch Kettenversetzungen weiter verschoben wird, letzten Endes aber vom externen Arbeitsmarkt nachbesetzt werden muss. Bei der Versetzung sind neben personellen auch rechtliche Aspekte zu beachten. Eine Weisung kann z.B. nur dann erfolgen, wenn dies im jeweiligen Arbeitsvertrag entsprechend vorgesehen ist. Sowohl bei der Weisung als auch bei der Änderungskündigung ist die Zustimmung des Betriebsrates einzuholen.

- Ausweitung der Arbeitszeit von Teilzeitbeschäftigten: Gibt es in einem Unternehmen teilzeitbeschäftigte Mitarbeiter, so können diese darauf angesprochen werden, ob sie ihre Arbeitszeit ausdehnen möchten.

- Stellenclearing: Das Stellenclearing ist ein systematischer Informationsaustausch zwischen Führungskräften im Unternehmen und der Personalabteilung, um die interne Besetzung von Stellen zu diskutieren. Diese Methode hat den Vorteil, dass die Führungskräfte die jeweiligen Mitarbeiter kennen und über ihre Qualifikation Bescheid wissen, jedoch kann das Stellenclearing seitens der Mitarbeiter als intransparent erlebt werden und es können abteilungspolitische Interessen mit einfließen.

- Innerbetriebliche Stellenausschreibung: Diese Methode dient dazu, bestehende Mitarbeiter über zu besetzende Stellen im Unternehmen zu informieren und die Chancengleichheit auf dem innerbetrieblichen Arbeitsmarkt sicherzustellen. Der Betriebsrat kann zwar eine innerbetriebliche Stellenausschreibung verlangen, der Arbeitgeber ist jedoch nicht dazu verpflichtet, innerbetriebliche Bewerber vorrangig zu behandeln.

- Personalentwicklung: Die Personalentwicklung kann dazu dienen, Versetzungen zu unterstützen. Kurzfristig kann die Personalentwicklung zur Unterstützung bei der Einarbeitung an einem neuen Arbeitsplatz eingesetzt werden; mittel- und langfristig sichert eine systematische Personalentwicklung zumindest einen Teil des zukünftigen Bedarfs an qualifizierten Mitarbeitern.

Externe Methoden

Bei der externen Personalbeschaffung kann wiederum zwischen passiver und aktiver Personalbeschaffung unterschieden werden. Bei der passiven Personalbeschaffung wird das Unternehmen selbst nicht aktiv. Diese Methode wird vor allem dann in Anspruch genommen werden, wenn eine hohe Arbeitslosigkeit und geringer, nicht dringlicher Personalbedarf besteht. Methoden der passiven Personalbeschaffung sind:

- Arbeitsmarktservice (Österreich), Bundesagentur für Arbeit (Deutschland), Regionales Arbeitsvermittlungszentrum (Schweiz): Diese Einrichtungen erbringen sowohl für Arbeitnehmer als auch Arbeitgeber vielfältige Dienstleistungen am Arbeitsmarkt. Der Fokus ihrer Arbeit liegt dabei auf der Arbeitsvermittlung.

- Eigenbewerbung (Blind- bzw. Initiativbewerbung): Bei der Eigenbewerbung kontaktiert ein Bewerber ein Unternehmen aus eigener Initiative. Ausgelöst werden Eigenbewerbungen häufig durch Maßnahmen wie Rekrutierungsveranstaltungen an Universitäten oder durch vorangegangene Öffentlichkeitsarbeit.

- Bewerberkartei: Die Bewerberkartei enthält Informationen über Bewerber, die sich bereits beim Unternehmen beworben haben und die für das Unternehmen zwar interessant waren, zum Zeitpunkt der ursprünglichen Bewerbung jedoch nicht berücksichtigt werden konnten. Auf diese Informationen kann zwar schnell zugegriffen werden, jedoch ist bei Bewerbern an der Position oftmals kein Interesse mehr vorhanden, wenn diese in der Zwischenzeit schon andere berufliche Entscheidungen getroffen haben.

Die aktive Personalbeschaffung eignet sich vor allem bei einer angespannten Arbeitsmarktlage und wenn ein dringlicher und/oder größerer Personalbedarf gegeben ist. Methoden der aktiven Personalbeschaffung sind:

- Stellenanzeige: Die Stellenanzeige stellt nach wie vor die Hauptinformationsquelle bei der Arbeitssuche dar, auch wenn sich deutliche Verschiebung von Printmedien hin zu Stellenanzeigen im Internet abzeichnet. Die Entscheidung in welchem Medium inseriert wird muss unter Bedachtnahme darauf getroffen werden, welche Medien von der anvisierten Zielgruppe konsumiert werden.

- Nutzung neuer Kommunikationsmittel (Internet, etc.): Neben Stellenanzeigen im Internet hat sich vor allem auch die Website von Unternehmen als Methode zur Personalbeschaffung etabliert. Vorteile bestehen darin, dass diese Methode kostengünstig umzusetzen ist und bereits eine Selbstselektion der Bewerber stattfindet, jedoch sind in der Regel zuvor umfangreiche Maßnahmen der Öffentlichkeitsarbeit notwendig.

- Persönliche Ansprache von potentiellen Mitarbeitern: Sind dem Unternehmen potentielle Mitarbeiter über diverse Informationskanäle bekannt (Jobmessen, Empfehlungen eigener Mitarbeiter, Empfehlungen über soziale Netzwerke, etc.), so können diese direkt auf kostengünstigem Wege angesprochen werden.

- Jobmessen bzw. Rekrutierung an Universitäten: Der enge Kontakt von Unternehmen zu Universitäten ist im angloamerikanischen Raum bereits seit vielen Jahrzehnten üblich, und gewinnt nun auch im deutschsprachigen Raum stark an Bedeutung. Bei Jobmessen oder sonstigen Veranstaltungen zur Rekrutierung an Universitäten (Unternehmenspräsentationen, Workshops, Planspiele, etc.) können sehr viele Studenten spezifisch nach Fachrichtung erreicht werden.

Diese Methode ermöglicht potentiellen Bewerbern gleichzeitig, in direkten Kontakt mit dem Unternehmen zu treten und schon vorab durch gezielte Fragen zusätzliche Informationen zu erhalten.

- Scouting: Eine neuartige Methode zur Personalbeschaffung ist das Scouting, das häufig für die Gewinnung von High Potentials eingesetzt wird. Dabei geht es um die frühzeitige Ansprache und Bindung von Berufseinsteigern, indem auf Herausforderung, Aktivierung, Neugier und Spieltrieb im Umgang mit potentiellen Bewerbern gesetzt wird (bspw. im Rahmen von Planspielen mit zusätzlichem Rahmenprogramm).

- Personalberater: Häufig werden Personalberater für die Gewinnung von Führungskräften höherer Hierarchieebenen eingesetzt. Durch die Spezialisierung der Personalberater wird das Risiko einer kostspieligen Fehleinstellung deutlich reduziert, was die hohen Beraterhonorare rechtfertigen kann.

- Personalleasing: Das Personalleasing wird insbesondere bei kurzfristigem Personalbedarf genutzt. Eine Besonderheit besteht darin, dass das Unternehmen in einer vertraglichen Beziehung mit der Personalleasingfirma tritt, die einen Mitarbeiter für einen bestimmten oder unbestimmten Zeitraum zur Verfügung stellt. Ein wesentlicher Vorteil dieser Methode liegt in der hohen Flexibilität durch die Möglichkeit einer raschen Beschaffung sowie raschen Freisetzung der Arbeitskräfte über Personalleasing, jedoch sind diese Mitarbeiter häufig schlecht in das Unternehmen integriert und weisen oftmals eine mangelnde Loyalität gegenüber dem Unternehmen auf.

- Anwerbung durch Betriebsangehörige: In den USA spielt diese Methode eine wichtige Rolle. Offene Stellen werden dabei an die Mitarbeiter im Unternehmen kommuniziert, die diese wiederum in ihrem Bekanntenkreis weiterverbreiten können. In Abhängigkeit von der zu besetzenden Stelle werden häufig auch Prämien dafür bezahlt, wenn vorgeschlagene Mitarbeiter den Rekrutierungsprozess erfolgreich durchlaufen und vom Unternehmen tatsächlich eingestellt werden.

- Öffentlichkeitsarbeit: Die Öffentlichkeitsarbeit dient in erster Linie der Unterstützung von aktiven und passiven Personalbeschaffungsmaßnahmen und ist eine Kombination von Personal- und Imagewerbung. Mögliche Maßnahmen sind Betriebsbesichtigungen, Tag der offenen Tür, Werbung in diversen Medien etc.

4.4.2 Methoden der Personalauswahl

Im Anschluss an die Personalbeschaffung folgt die Personalauswahl. Anhand der festgelegten Anforderungen an die Qualifikation werden typischerweise in einem nächsten Schritt die Bewerbungsunterlagen analysiert und bewertet, wodurch eine (Vor-)Selektierung der Bewerber stattfindet. Erst im Anschluss kommen die Methoden der Personalauswahl zum Einsatz, auf deren Basis die Auswahlentscheidung getroffen wird, bevor ein Mitarbeiter in das Unternehmen eintritt (siehe Darstellung 16).

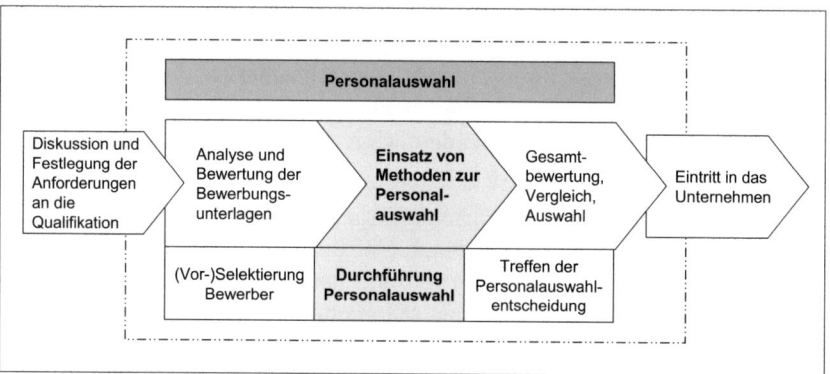

Darstellung 16: Personalauswahlkette
Quelle: in Anlehnung an Berthel, J./Becker, F.G. (Personalmanagement), S. 264

Bei der Auswahl von Methoden der Personalauswahl ist darauf zu achten, ob das Auswahlverfahren auch tatsächlich die Eignung des Bewerbers vorhersagen kann. Das wichtigste Kriterium zur Messung der Qualität von Auswahlverfahren ist die prognostische Validität, die zwischen 0 und 1 liegen kann. Ein Wert von 0 bedeutet, dass die Methode die spätere Eignung am Arbeitsplatz überhaupt nicht vorhersagen kann, ein Wert von 1 hingegen bedeutet, dass das Ergebnis des Auswahlverfahrens mit der späteren Arbeitsleistung vollkommen übereinstimmt. In der Praxis wird ein Wert von 0,3 bereits als ein guter Wert mit hoher Validität gesehen (siehe Darstellung 17). Neben der prognostischen Validität müssen bei der Auswahl einer Methode für die Personalauswahl einerseits auch rechtliche Aspekte, und andererseits die Akzeptanz der Methode aus Sicht der Bewerber miteinbezogen werden.[86]

---

[86] vgl. Haltmeyer, B./Lueger, G. (Beschaffung und Auswahl), S. 440-443

Personalauswahlverfahren mit eher geringerer Validität	Personalauswahlverfahren mit eher höherer Validität
Bewerbungsunterlagen (0,14)	Intelligenztest (0,27-0,61)
Unstrukturiertes Interview (0,14)	Multimodales Interview (0,27-0,51)
Schulnoten (0,15)	Biographischer Fragebogen (0,37)
Persönlichkeitstests (0,15)	Probezeit (0,44)
Graphologisches Gutachten (0,2)	Strukturiertes Interview (0,40)
Arbeitszeugnisse und Referenzen (0,26)	Assessment Center (0,45)
	Leistungstest (0,45)

Darstellung 17: Personalauswahlverfahren und ihre prognostische Validität

Quelle: Haltmeyer, B./Lueger, G. (Beschaffung und Auswahl), S. 441

Zur Vorselektion von Bewerbern werden zumeist die Bewerbungsunterlagen analysiert und bewertet. Unter Bewerbungsunterlagen werden folgende Unterlagen zusammengefasst, wobei nicht immer alle Unterlagen angefordert werden:

- Das Bewerbungsschreiben (Anschreiben),

- Schulzeugnisse,

- Arbeitszeugnisse,

- Lebenslauf,

- Bewerberfoto,

- Arbeitsproben,

- Referenzen,

- Personalfragebögen, und

- Graphologisches Gutachten.

Nach der Analyse und Bewertung der Bewerbungsunterlagen werden die verbleibenden Bewerber meist zu einem Bewerbungsgespräch eingeladen und ggf. weitere Auswahlmethoden angewandt. Die Methoden der Personalauswahl[87] umfassen:

- Bewerbungsgespräch: Das Bewerbungsgespräch vermittelt dem Unternehmen persönliche Eindrücke und Informationen, die über die Bewerbungsunterlagen hinausgehen. Gleichzeitig hat der Bewerber die Möglichkeit, sich persönlich ein Bild vom Unternehmen zu machen und Antworten auf seine spezifischen Fragen zu erhalten.

---

[87] vgl. Jung, H. (Personalwirtschaft), S. 156-179; Haltmeyer, B./Lueger, G. (Beschaffung und Auswahl), S. 425-438

- Tests: Um bei der Auswahlentscheidung für einen neuen Mitarbeiter die Entscheidungssicherheit zusätzlich zu erhöhen, werden häufig weitere Tests durchgeführt, wie bspw. Intelligenztests, Leistungstests, Konzentrationstests und Persönlichkeitstests.

- Biographischer Fragebogen: Der biographische Fragebogen wird häufig bei größeren Bewerberzahlen eingesetzt. Der Grundgedanke besteht darin, auf Basis des Verhaltens in der Vergangenheit auf das zukünftige Verhalten des Bewerbers zu schließen. Dazu muss vom Bewerber ein Fragebogen ausgefüllt werden, der spezifisch für eine Position erstellt wird. Die Antworten des Bewerbers werden mit den Antworten eines erfolgreichen Mitarbeiters in der entsprechenden Position verglichen und sollten auf diesem Weg Aufschluss über die Eignung des Bewerbers geben.

- Assessment Center: Wie in Darstellung ersichtlich, stellt das Assessment Center eines der aussagekräftigsten Auswahlverfahren dar. Charakteristisch für ein Assessment Center ist, dass mehrere Bewerber gleichzeitig von geschulten Beurteilern in verschiedenen Beurteilungssituationen über einen längeren Zeitraum beurteilt werden. Je nach der zu besetzenden Stelle können dabei verschiedene, auch praxisnahe Übungen durchgeführt werden, um Bewerber zu beurteilen.

5 Freistellung

In diesem Kapitel werden die Grundlagen zur Freistellung von Mitarbeitern aufgearbeitet. Der Begriff Personalfreistellung wird in dieser Arbeit synonym mit dem Begriff Personalfreisetzung verwendet, der auch in der Literatur üblich und häufig anzutreffen ist. Kammel definiert den Begriff Personalfreisetzung wie folgt:

> *"Personalfreisetzung geht über den zahlenmäßigen Rückgang des Personalbestandes hinaus und schließt ferner unter Berücksichtigung wirtschaftlicher und sozialer Gesichtspunkte Alternativen des organisationsübergreifenden Abbaus durch unterschiedliche Maßnahmen quantitativer, qualitativer, zeitlicher und örtlicher Variationen der Unternehmens- und Personalstruktur mit ein."*[88]

Die Freistellung geht somit über die Entlassung von Mitarbeitern hinaus, da die Entlassung nur eine mögliche Ausgestaltung der Freistellung ist. Es geht somit viel mehr um das Finden von Verwendungsalternativen für das freigesetzte Personal.[89]

5.1 Ziele und Organisation der Freistellung

Die Zielsetzung der Personalfreistellung besteht in der Vermeidung bzw. Beseitigung von personellen Überkapazitäten in

- qualitativer,
- quantitativer,
- zeitlicher, und
- örtlicher Hinsicht.

Überkapazitäten werden in der Regel im Rahmen der Personalbedarfsplanung festgestellt, die abgeleitet von der gesamten Unternehmensplanung durch die Personalabteilung durchgeführt wird (zu den Trägern der Personalarbeit und Möglichkeiten der organisatorischen Ausgestaltung der Personalabteilung siehe Kapitel 4.1.2). Die Freistellung kann durch eine Änderung, als auch durch eine Beendigung bestehender Arbeitsverhältnisse erfolgen. Generell gilt, dass umso früher Überkapazitäten bekannt sind und umso früher man darauf reagieren kann, desto mehr Gestaltungsspielraum und Verwendungsalternativen bestehen für das freizusetzende Personal.[90]

---

[88] Kammel, A. (Personalfreisetzung), Sp. 1344
[89] vgl. Drumm, H.J. (Personalwirtschaft), S. 249
[90] vgl. Jung, H. (Personalwirtschaft), S. 314

Auch wenn das Spektrum von Maßnahmen sehr breit ist, so werden insbesondere Entlassungen häufig populär als einzige in der Praxis vorkommende Methode der Freistellung dargestellt (siehe Darstellung 18). Insbesondere im personalwirtschaftlichen Funktionsbereich der Freistellung stehen die Interessen des Arbeitgebers und des Arbeitnehmers häufig in Konflikt zueinander, weshalb mit der Themenstellung sehr sorgfältig und überlegt umgegangen werden sollte. Vor allem in Zeiten eines konjunkturellen Abschwunges mit steigender Arbeitslosigkeit besitzt die Freistellung von Personal zahlreiche negative Assoziationen.

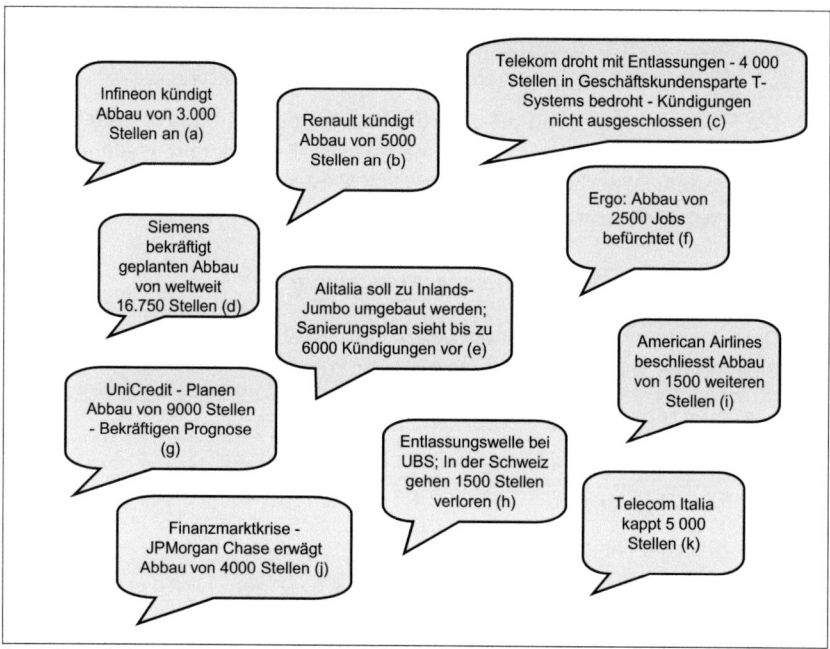

Darstellung 18: Darstellung von Entlassungen in den Medien

Quelle: (a) AWP International, 25.07.2008
(b) Financial Times Deutschland, 25.07.2008
(c) Berliner Zeitung, 24.07.2008
(d) AWP International, 23.07.2008
(e) Der Standard, 07.07.2008
(f) Hamburger Abendblatt, 22.07.2008
(g) Reuters, 26.06.2008
(h) Basler Zeitung, 07.05.2008
(i) SDA - Schweizerische Depeschenagentur, 29.07.2008
(j) Spiegel Online, 14.05.2008
(k) General Anzeiger, 06.06.2008

In diesem Zusammenhang ist auch die Berücksichtigung der Aspekte des individuellen und kollektiven Arbeitsrechts von Bedeutung. Nachfolgend wird aufgrund der vorrangig Deutschland-bezogenen Literatur zum Thema Freistellung auf deutsche Gesetzestexte Bezug genommen. Im individuellen Arbeitsrecht sind folgende Gesetze von Bedeutung:

- Kündigungsschutzgesetz,
- Arbeitsplatzschutzgesetz,
- Grundsätze der Arbeitsförderung,
- Berufsbildungsgesetz,
- Mutterschutzgesetz,
- Bundeserziehungsgeldgesetz,
- Schwerbehindertenrecht, und
- Teilzeit- und Befristungsgesetz.

Aus dem kollektiven Arbeitsrecht sind hingegen folgende Gesetze zu berücksichtigen:

- Betriebsverfassungsgesetz,
- Tarifvertragsgesetz, und
- Rationalisierungsschutzabkommen.

5.2 Beschreibung des Personalfreistellungsprozesses

Der Prozess der Freistellung verläuft üblicherweise in mehreren Phasen. Berthel und Becker zeigen einen möglichen Ablauf des Prozesses in vier Phasen (siehe Darstellung 19).

Problemerkennung und Problemanalyse

- Ermittlung und/oder Prognose von (möglichen) Ursachen einer bestehenden oder zukünftigen Personalüberdeckung ("Freisetzungsbedarf")
- Spezifikation der Personalüberdeckung nach Quantität, Qualität, Zeit und Ort

Suche, Auswahl und Bewertung von Alternativen

- Suche nach und (Vor-)Auswahl von Alternativen
- Bewertung der Alternativen
- Bestimmung der Weiterverwendungs- und Anpassungsmöglichkeiten für die intern freizusetzenden Mitarbeiter
- Bestimmung der an den externen Arbeitsmarkt freizusetzenden Mitarbeiter

Durchführung

- Festlegung der Informationspolitik gegenüber Betriebsrat/Sprecherausschuss, extern und intern freizusetzende Mitarbeiter und den nicht betroffenen Mitarbeitern
- Angebot fluktuations- und mobilitätsfördernder Anreize
- Aufstellung von Sozialplänen

Kontrolle

- Kontrolle des Planungsprozesses
- Kontrolle der Ergebnisse

Darstellung 19: Personalfreistellungsprozess

Quelle: in Anlehnung an Berthel, J./Becker, F.G. (Personalmanagement), S. 291; Hentze, J./Graf, A. (Personalwirtschaftslehre 2), S. 392

Problemerkennung und Problemanalyse

Der erste Schritt im Prozess der Personalfreisetzung ist die Problemerkennung und Problemanalyse, wobei dieser Schritt antizipativ oder reaktiv erfolgen kann.

- Die antizipative Methode ist ein Bestandteil der Unternehmens- und Personalplanung. Durch Analyse und Prognose möglicher Ursachen und Ableitung entsprechender Strategien wird versucht, Personalüberdeckungen zu vermeiden oder diese durch den Einsatz "weicher" Freisetzungsmaßnahmen (z.B. Ausnützen der natürlichen

Fluktuation, Urlaubsgestaltung) zu reduzieren.[91] Diese Methode ist gegenüber der reaktiven Methode vorzuziehen, da soziale Härten aber auch Kosten kurzfristiger Maßnahmen begrenzt werden und die Anpassungsmöglichkeiten im Unternehmen höher sind. Voraussetzung dafür ist jedoch eine Planbarkeit bzw. Prognostizierbarkeit der konkreten Alternative für Personalfreistellungen.[92]

- Bei der reaktiven Personalfreisetzungsplanung besteht bereits eine Personalüberdeckung, so dass der Einsatz von "harten" Maßnahmen (wie z.B. Kündigungen) häufig nicht mehr zu vermeiden ist.[93]

Für die Notwendigkeit einer Personalfreistellung gibt es unzählige Ursachen. Aufgrund der Strukturveränderungen in der Wirtschaft wird die Personalfreistellung als Funktion in der Personalwirtschaft zukünftig jedenfalls an Bedeutung gewinnen, und ein lebenslanges Arbeitsverhältnis mit einem einzigen Dienstgeber immer mehr zur Ausnahme werden.[94] Als wichtigste Gründe für die Personalfreistellung nennt Drumm[95]:

- Stilllegungen wegen Einschränkung des Unternehmungszwecks,

- Anhaltende Nachfrage- und Beschäftigungsrückgänge,

- Schrumpfungsprozesse von ganzen Märkten oder ganzen Branchen,

- Befristete oder unbefristete Verknappungen nicht substituierbarer Ressourcen einschließlich des Kapitals,

- Änderungen des Technologieniveaus,

- Tiefgreifende Veränderungen des Leistungsprogramms,

- Nicht mehr abbaubare Fähigkeitsdefizite des Personals,

- Managementfehler,

- Abbau von Funktionen und Organisationsstrukturen z.B. bei Lean Production oder Lean Management sowie Business Reengineering,

- Fusionen und Aufkauf von Unternehmungen,

- Liquiditätsengpässe,

- Insolvenz, oder

- Beendigung der Unternehmenstätigkeit.

---

[91] vgl. Berthel, J./Becker, F.G. (Personalmanagement), S. 290
[92] vgl. Hentze, J./Graf, A. (Personalwirtschaftslehre 2), S. 391
[93] vgl. Berthel, J./Becker, F.G. (Personalmanagement), S. 290
[94] vgl. Hentze, J./Graf, A. (Personalwirtschaftslehre 2), S. 349
[95] vgl. Drumm, H.J. (Personalwirtschaft), S. 250f

Suche, Auswahl und Bewertung von Alternativen

Die Anzahl der Alternativen, die einem Unternehmen bei der Personalfreistellung bzw. zu deren Vermeidung zur Verfügung steht, ist vom Zeitpunkt der Problemerkennung und der Problemanalyse abhängig, d.h. ob die Maßnahmen antizipativ getroffen werden können oder reaktiv getroffen werden müssen. Berthel und Becker haben zur Systematisierung der Alternativen zur bzw. bei der Personalfreistellung ein übersichtliches Konzept geschaffen, das als Grundlage für die Strukturierung der nachfolgenden Ausführungen in diesem Abschnitt zur Suche, Auswahl und Bewertung von Alternativen herangezogen wird (siehe Darstellung 20).[96]

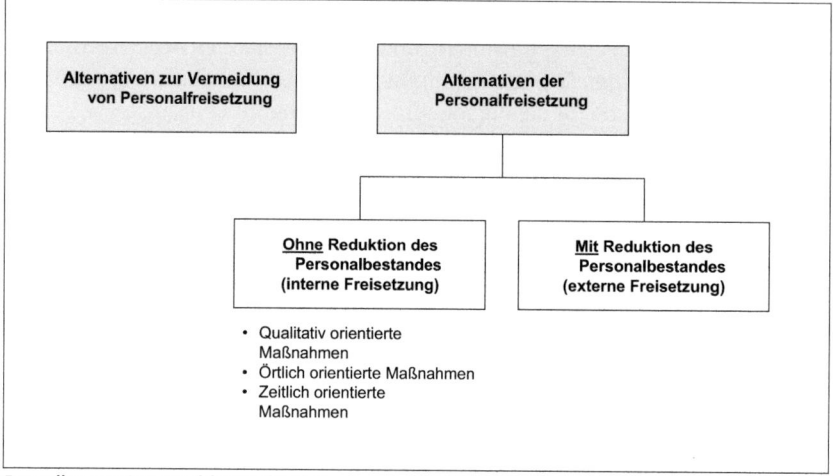

Darstellung 20: Systematisierung der Maßnahmen zur Personalfreisetzung

Quelle: in Anlehnung an Berthel, J./Becker, F.G. (Personalmanagement), S. 292

Vermeidung von Personalfreisetzung

Im Idealfall können Maßnahmen zur Personalfreisetzung gänzlich vermieden werden. Allgemeine Strategien im Unternehmen dazu können sein:

- Alle Strategien zum Aufbau und Erhalt von nachhaltigen Wettbewerbsvorteilen, die gleichzeitig die Beschäftigungsentwicklung positiv beeinflussen,

- Maßnahmen, die zum Erhalt staatlicher Beschäftigungsgarantien führen,

---

[96] vgl. Berthel, J./Becker, F.G.: (Personalmanagement), S. 292

- U.U. die Verschiebung von Rationalisierungsmaßnahmen.

In der Praxis werden Personalfreisetzungen häufig zur Reduzierung der Kosten eingesetzt, da Personalkosten oft den größten Kostenblock für Unternehmen darstellen. Alternativ könnten zur Kostenreduktion auch Maßnahmen zur Reduzierung freiwilliger Sozialleistungen oder Kürzung von Vergütungsbestandteilen ergriffen werden. Daneben sollte zudem kritisch geprüft werden, ob in anderen Unternehmensbereichen vergleichbare Potenziale zur Reduzierung von Kosten bestehen.

Kriterien zur Beurteilung von Alternativen der Personalfreisetzung

Sofern eine Personalfreisetzung nicht mehr vermieden werden kann, müssen die Alternativen der Personalfreisetzung sorgfältig geprüft werden, um die erhofften positiven Wirkungen zu erzielen und negative Konsequenzen bestmöglich zu vermeiden. Folgende Kriterien können dazu herangezogen werden:

- Quantitative Aspekte (Ausmaß von Freisetzungsalternativen),

- Qualitative Aspekte (Auswirkungen auf die Qualifikationsstruktur im Unternehmen),

- Zeitliche Aspekte (Wirkungsdauer von Alternativen, sowie deren zeitliche Restriktionen),

- Rechtliche Bedingungen (gesetzliche Regelungen, die den Gestaltungsspielraum des Unternehmens einschränken),

- Zustimmungserfordernisse (Zustimmung der betroffenen Mitarbeiter, z.B. bei Aufhebungsverträgen),

- Ökonomische Wirkungen (Abwägung der positiven und negativen ökonomischen Folgen),

- Wirkungen auf das Unternehmensimage (Beeinflussung des Images eines Unternehmens aufgrund öffentlichkeitswirksamer Maßnahmen),

- Folgen für die Gesellschaft (Auswirkungen auf die Gesellschaft insbes. in Zeiten hoher Arbeitslosigkeit),

- Folgen für die freizusetzenden Mitarbeiter (Gefährdung der materiellen Existenzgrundlage oder Destabilisierung der familiären Beziehungen), und

- Wirkungen auf die nicht betroffenen Mitarbeiter (Einfluss auf die Mobilitätsbereitschaft und das Fluktuationsverhalten insbes. hoch qualifizierter Mitarbeiter).

Zu den konkreten Methoden der Personalfreistellung mit und ohne Reduktion des Personalbestandes siehe Kapitel 5.4.

Durchführung

Die Möglichkeit eines Arbeitsplatzverlustes empfinden Mitarbeiter in der Regel als starke Belastung, die sich letzten Endes durch Fehlinformationen und Gerüchte auch negativ auf die Arbeitsmotivation durchschlägt.[97] Im Rahmen der Durchführung der Personalfreisetzung muss daher auch die Informationspolitik gegenüber folgenden Parteien sorgfältig geplant werden:

- Betriebsrat/Sprecherausschuss,
- Extern und intern freizusetzende Mitarbeiter, und
- Nicht betroffene Mitarbeiter.

Um die schwierige Situation konstruktiv zu bewältigen, sind vor allem eine offene Vermittlung der unternehmensseitigen Motive und Absichten, die Korrektur von Gerüchten und Fehlinformationen, eine gemeinsame Suche nach kooperativen Lösungen und die Wertschätzung der Mitarbeiter und deren Bedürfnisse vorteilhaft.[98]

Darüber hinaus werden den betroffenen Mitarbeitern in dieser Phase häufig fluktuations- und mobilitätsfördernde Anreize geboten und ein Sozialplan ausgearbeitet, um etwaige wirtschaftliche Nachteile durch die betriebliche Veränderung auszugleichen oder zu mildern. Der Sozialplan wird im Betriebsverfassungsgesetz als eine Vereinbarung zwischen Betriebsrat und Arbeitgeber über den Ausgleich oder die Milderung der wirtschaftlichen Nachteile, die dem Arbeitnehmer infolge von geplanten Betriebsänderungen entstehen, definiert.[99]

Kontrolle

In der letzten Phase des Freistellungsprozesses wird kontrolliert, ob bzw. in welchem Ausmaß die Freistellungsziele erreicht wurden, in dem eine etwaige vorhandene Abweichung zwischen dem ursprünglichen Plan und dem letztendlich erreichten Ergebnis analysiert wird.

---

[97] vgl. Bröckermann, R./Pepels, W. (Personalfreisetzung), S. 15
[98] vgl. Bröckermann, R./Pepels, W. (Personalfreisetzung), S. 15f
[99] vgl. Hentze, J./Graf, A. (Personalwirtschaftslehre 2), S. 384

5.3 Herausforderungen bei der Personalfreistellung

Die Herausforderungen bei der Personalfreistellung können von einer grundlegenden betrieblichen Perspektive heraus aus drei Richtungen betrachtet werden: Herausforderungen für die Unternehmensleitung, für die Personalabteilung und für die Fachabteilung.

Herausforderungen für die Unternehmensleitung

Insgesamt ist die Unternehmensleitung für den Fortbestand des Unternehmens verantwortlich. Die Personalfreisetzung sollte dabei häufig einer Kostenreduktion zur der Sicherung oder Verbesserung der Wettbewerbsposition dienen. Die Unternehmensleitung steht dabei aber vor fünf Dilemmata[100]:

- Belegschaftsdilemma: Gerade das Personal ist in der heutigen Zeit ein entscheidender Wettbewerbsvorteil. Eine Restrukturierung und Neuausrichtung des Unternehmens kann daher nur mit den entsprechend qualifizierten und motivierten Mitarbeitern gelingen. Doch im Zusammenhang mit der Personalfreisetzung verlassen aber insbesondere die Leistungsträger das Unternehmen (auf freiwilliger Basis), und Nachwuchsführungskräfte sind oftmals von den Maßnahmen betroffen, wodurch die Qualität des Personals im Unternehmen sinkt und weiterführende Demotivationseffekte unter den Mitarbeitern begünstigt werden.

- Führungsdilemma: Durch die Ankündigung und Durchführung von Personalfreistellungsmaßnahmen wird das Verhältnis zwischen Vorgesetzten und Mitarbeitern stark belastet, was die Mitarbeiterführung noch schwieriger macht. Gleichzeitig steigt der Leistungsdruck auf die Mitarbeiter durch eine Erhöhung der eigenen Produktivität, während Budgetmittel für die Entwicklung der Führungskräfte gestrichen werden.

- Informationsdilemma: Werden Personalfreistellungsmaßnahmen durchgeführt, steigt der Informations- und Kommunikationsbedarf im Unternehmen deutlich an. Durch Transparenz ist es für Mitarbeiter einfacher, Unsicherheiten zu bewältigen, Stress abzubauen und die Notwendigkeit der personellen Veränderung nachzuvollziehen. Demgegenüber werden Maßnahmen zur Personalfreisetzung häufig hinter verschlossenen Türen unter strenger Geheimhaltung geplant und beschlossen.

---

[100] vgl. Bröckermann, R./Pepels, W. (Personalfreisetzung), S. 14f

- Strukturdilemma: Durch die Veränderung der Personalstruktur und steigender Verunsicherung werden auch das organisch gewachsene Organisationsgefüge sowie informelle Steuerungsmechanismen, die auf Kohäsion und Vertrauen basieren, negativ beeinflusst. Damit treten formale Koordinationsmechanismen und Kontrolle in den Vordergrund.

- Strategiedilemma: Strategische Überlegungen werden durch kurzfristige Ziele der Kostenreduktion oft in den Hintergrund gedrängt. Investitionen in das Humankapital werden auf ein Minimum reduziert, womit eine potenzialorientierte Strategie- und Personalentwicklung verhindert wird.

Herausforderungen für die Personalabteilung

Die Personalabteilung steht im Zusammenhang mit Personalfreisetzungsmaßnahmen vor vier grundlegenden Herausforderungen[101]:

- Auswirkungen auf den externen Arbeitsmarkt: Qualifizierte Bewerber machen ihre Auswahlentscheidung für ein Unternehmen von vielen Kriterien abhängig. Bei der Bewertung langfristiger Karrieremöglichkeiten im Unternehmen wirken sich Maßnahmen der Personalfreistellung dabei negativ auf die Gewinnung qualifizierter Mitarbeiter aus.

- Auswirkungen auf das allgemeine Image in der Öffentlichkeit: Vor allem bei langlebigen Konsumgütern ist der Preis nicht das einzige Kriterium für Kunden. Da auch das Service in die Beurteilung mit einfließt, ist die Kontinuität der Geschäftstätigkeit ein wichtiger Faktor. Maßnahmen zur Personalfreistellung können sich bei öffentlichem Interesse stark auf das allgemeine Image des Unternehmens auswirken.

- Interne Auswirkungen: Neben den Auswirkungen auf das externe Image wirken sich Personalfreisetzungsmaßnahmen auch auf das interne Image bei den Mitarbeitern des Unternehmens aus. Hoch qualifizierte und daher am Arbeitsmarkt mobile Mitarbeiter verlassen oft freiwillig das Unternehmen; jedenfalls wirken sich Unsicherheit über die Zukunft und eine Unruhe unter den Mitarbeitern auch negativ auf die Leistungsfähigkeit von Leistungsträgern im Unternehmen aus.

- Zusätzliche Aufgabeninhalte des Personalmarketings: Nach einem neueren Verständnis dient das Personalmarketing nicht nur der Ge-

---

[101] vgl. Bröckermann, R./Pepels, W. (Personalfreisetzung), S. 21-24

winnung neuer Mitarbeiter, sondern ist auch für die Pflege vorhandener Mitarbeiter zuständig. Während die Informationspolitik gegenüber Vertretern der Arbeitnehmer häufig Aufgabe der Personalverantwortlichen ist, sollten diese nicht dazu beitragen, dass direkte Führungskräfte Gesprächen mit betroffenen Mitarbeitern ausweichen um die Auswahlentscheidungen nicht begründen müssen.

Herausforderungen für die Fachabteilung

Durch Maßnahmen der Personalfreistellung treten für die betroffene Fachabteilung vier Herausforderungen auf[102]:

- Fluktuationssteigernde Wirkung bei Leistungsträgern: Insbesondere bei Leistungsträgern mit Qualifikationen, die am externen Arbeitsmarkt stark nachgefragt werden, steigt die Wechselbereitschaft an.

- Mobbing: Werden Maßnahmen zur Personalfreistellung bekannt gegeben noch bevor Details dazu festgelegt sind, beginnt auf einer latenten Ebene häufig ein Kampf um die vermeintlich verbleibenden Arbeitsplätze. Mitarbeiter versuchen dabei, andere Mitarbeiter als potentielle Konkurrenten um verbleibende Arbeitsplätze auszuschalten. Diese Prozesse haben nicht nur Einfluss auf einzelne Mitarbeiter, sondern auch auf die Kohäsion der jeweiligen Abteilung und die Effizienz der Arbeitsabläufe.

- Verringerte Effektivität/Produktivität während des Personalfreisetzungsprozesses: Ein potentieller Arbeitsplatzverlust ist für Mitarbeiter mit einer hohen Belastung verbunden und die Konzentration wird dabei auf die berufliche Zukunft anstatt auf die Aufgabenerledigung gelenkt. Werden Aufgaben an verbleibende Mitarbeiter übergeben, müssen sich diese Mitarbeiter zuerst mit den Aufgaben vertraut machen und sich einarbeiten, während Mitarbeiter, die das Unternehmen verlassen, aufgrund der Arbeitssuche häufiger abwesend sind und gegebenenfalls noch Urlaub konsumieren.

- Höhere Arbeitsbelastung für verbleibende Mitarbeiter: Wenn im Zusammenhang mit der Personalfreistellung nicht auch Aufgaben wegfallen, so müssen diese Aufgaben von den verbleibenden Mitarbeitern übernommen werden. Dadurch kann permanente Mehrarbeit oder die Notwendigkeit von regelmäßigen Überstunden entstehen, die psychische und physische Auswirkungen auf die Mitarbeiter haben können.

---

[102] vgl. Bröckermann, R./Pepels, W. (Personalfreisetzung), S. 36-38

5.4 Methoden der Personalfreistellung

Die Methoden der Personalfreistellung können unterschieden werden in Methoden ohne Reduktion und in Methoden mit Reduktion des Personalbestandes.[103]

5.4.1 Methoden der Personalfreistellung ohne Reduktion des Personalbestandes

Personalentwicklung

Die Personalentwicklung zielt auf die Weiterentwicklung der Mitarbeiter ab. Der Erfolg hängt folglich vor allem von der Entwicklungsbereitschaft und -fähigkeit der Mitarbeiter sowie der Differenz zwischen den ursprünglichen und neu geplanten Anforderungen ab. Maßnahmen zur Personalentwicklung sind für das Unternehmen oft mit hohen Kosten und hohem Zeitbedarf verbunden, werden unter gewissen Bedingungen jedoch staatlich gefördert.

Horizontale und/oder vertikale Versetzungen

Mit horizontalen und/oder vertikalen Versetzungen können Kapazitäten innerhalb des Unternehmens ausgeglichen werden, so dass stark wachsende Unternehmensbereiche mit erhöhtem Mitarbeiterbedarf eine personelle Überdeckung schrumpfender Unternehmensbereiche kompensieren können. Durch diese Maßnahme können Kündigungen zumindest teilweise verhindert und gleichzeitig eine interne Personalbeschaffung für Unternehmensbereiche mit zusätzlichem Bedarf an Mitarbeitern durchgeführt werden.

Da bei Versetzungen in der Regel der alte und der neue Arbeitsplatz unterschiedliche Anforderungen an die Mitarbeiter stellen, können sich durch Qualifikationsdefizite weitere Schwierigkeiten ergeben. Zusätzlich muss auch der zeitliche Aspekt berücksichtigt werden, da der Personalbedarf im Unternehmen unter Umständen nicht zur selben Zeit wie der Personalüberhang entsteht. Für betroffene Mitarbeiter kann durch örtlich orientierte Maßnahmen oft eine neue Aufgabe im Unternehmen gefunden werden, doch kann es für einzelne Mitarbeiter zu anders gelagerten negativen Begleiterscheinungen führen, wie z.B. längere Anfahrtswege, Prestigeverlust und hierarchischer Abstieg.

---

[103] vgl. Berthel, J./Becker, F.G. (Personalmanagement), S. 294-305

Änderung der Arbeitszeit

Die Änderung der Arbeitszeit zielt auf eine Reduktion der quantitativen Leistung ab, wozu es zahlreiche Möglichkeiten gibt:

- Urlaubsgestaltung: Zum Ausgleich kurzfristiger, zeitlich vorhersehbarer Beschäftigungsschwankungen können Betriebsferien verlagert bzw. verlängert, unbezahlte Urlaube gewährt, individuelle Urlaubsansprüche verlagert und Langzeiturlaube gewährt werden.

- Abbau von Mehrarbeit/Überstunden: Diese Maßnahme dient zu einer kurzfristigen Reduktion der Personalüberdeckung, bei der die Personalkosten durch den Wegfall tariflicher Zuschläge überproportional zurückgehen.

- Kurzarbeit: Die Kurzarbeit ist eine vorübergehende Verkürzung der üblichen Arbeitszeit mit der Absicht, zur Normalarbeitszeit möglichst schnell zurückzukehren. Dabei bleibt der Mitarbeiterbestand bei sinkenden Personalkosten erhalten.

- Allgemeine Verkürzung der Arbeitszeit: Wird der Personalbestand unverändert gehalten und die Arbeitszeit für alle Mitarbeiter verkürzt, ergibt sich daraus ein Rückgang der quantitativen Leistung. Während es für Unternehmen zu einer Reduktion der Personalkosten kommt, führt dies für Mitarbeiter auch zu Einkommensverlusten.

- Angebot individueller Arbeitszeitverkürzungen: Individuelle Arbeitszeitverkürzungen können den Mitarbeitern zwar angeboten werden, sind jedoch von deren Zustimmung abhängig.

5.4.2 Methoden der Personalfreistellung mit Reduktion des Personalbestandes

Ist ein quantitativer Abbau des Personals unumgänglich, stehen dem Unternehmen dafür verschiedene Methoden zur Verfügung. Häufig wird in einem ersten Schritt versucht, die Randbelegschaft abzubauen, während die Stammbelegschaft unverändert bleibt.

Nutzung der natürlichen Fluktuation

Durch den Verzicht auf neue Einstellungen und die Nutzung der natürlichen Fluktuation der Mitarbeiter (Kündigung seitens der Mitarbeiter, Pensionierung, Invalidität, Tod) kann der Personalbestand reduziert werden. Durch Anreize seitens des Unternehmens kann die Wirkung dieser Methode verstärkt werden.

Nichtverlängerung befristeter Arbeitsverträge

Der Personalbestand kann auch durch die Nichtverlängerung befristeter Arbeitsverhältnisse reduziert werden. Ein befristetes Arbeitsverhältnis endet entweder durch Zeitablauf oder Erreichung eines vereinbarten Zweckes. Durch befristete Arbeitsverhältnisse entsteht für Unternehmen ein Flexibilitätsspielraum, der in der Praxis bspw. durch die Einstellung freier Mitarbeiter gerne genützt wird.

Nichtverlängerung oder Kündigung von Personalleasingverträgen

Das Personalleasing wird üblicherweise für kurzfristig erhöhten und zeitlich begrenzten Personalbedarf eingesetzt. Sowohl die Nichtverlängerung als auch die Kündigung von Personalleasingverträgen stellen für Unternehmen eine einfache Möglichkeit zur Reduktion des Personalbestandes dar, da Leasingverträge in der Regel auch kurzfristig kündbar sind.

Angebot von Aufhebungsverträgen

In Aufhebungsverträgen kann zwischen Arbeitgeber und Arbeitnehmer jederzeit die Aufhebung des Arbeitsverhältnisses vereinbart werden, ohne dass Bestimmungen zum Kündigungsschutz oder Rechte des Betriebsrates zum Tragen kommen. Mittels Aufhebungsverträge können Unternehmen gezielt Mitarbeiter oder Mitarbeitergruppen ansprechen, wobei häufig geringere Kosten als bei Kündigungen anfallen. Die Wirkung dieser Methode hängt von der Zustimmung der betroffenen Mitarbeiter ab. Aufhebungsverträge können einerseits ähnliche Folgen wie Kündigungen haben, andererseits jedoch auch materielle und andere Vorteile für Mitarbeiter bieten.

Vorzeitige Pensionierung

Die Pensionierung stellt eine altersbedingte Beendigung der Berufsausübung dar. Durch die Beeinflussung von Mitarbeitern in Bezug auf den Zeitpunkt der Pensionierung kann das Unternehmen auf eine Verringerung des Personalbestandes einwirken. Diese Maßnahme führt dabei nicht zu einer Überalterung der Belegschaft, sondern im Gegenteil zu einer ausgewogenen Altersstruktur. Die Pensionierung kann zu einem bestimmten Zeitpunkt abrupt oder in mehreren Stufen mittels einer schrittweisen Reduzierung der Arbeitszeit erfolgen.

Kündigungen

Auch wenn häufig versucht wird, auf die bisher genannten Methoden der Personalfreisetzung zurückzugreifen, sind Kündigungen gelegentlich unvermeidbar. Eine Kündigung kann definiert werden als eine einseitige, empfangsbedürftige und rechtsgestaltende Willenserklärung einer der beiden Parteien des Arbeitsvertrages, durch die das Arbeitsverhältnis für die Zukunft aufgelöst werden soll. Je nach Art der Kündigung sind auch verschiedene rechtliche Aspekte zu beachten. Generell lassen sich Kündigungen in die folgenden drei Gruppen einordnen:

- Personenbedingte Kündigung, die auf persönliche Eigenschaften und Fähigkeiten des Arbeitnehmers zurückgeht, wie z.B. mangelnde körperliche oder geistige Eignung,

- Verhaltensbedingte Kündigung, die meist auf eine Vertragsverletzung durch den Arbeitnehmer zurückzuführen ist, und

- Betriebsbedingte Kündigung, wenn aufgrund innerbetrieblicher oder außerbetrieblicher Ursachen das Arbeitsvolumen reduziert wird und Kündigungen unvermeidbar sind.

6 Rekrutierungsprozess von Projektmanagern in projektorientierten Unternehmen

6.1 Bedeutung des Prozesses Rekrutierung von Projektmanagern

Projektorientierte Unternehmen stellen an das Personalmanagement spezifische Herausforderungen (siehe Kapitel 2.4). Obwohl das Personalmanagement eines der Kernprozesse in projektorientierten Unternehmen darstellt, gibt es bislang kaum Forschung, die auf Personalmanagement in projektorientierten Unternehmen fokussiert ist und auf die speziellen Bedürfnisse projektorientierter Unternehmen eingeht. Dies ist einerseits insofern verwunderlich, als dass Personal ein strategisch bedeutsamer Erfolgsfaktor in Unternehmen ist, und die Prozesse des Personalmanagements die gewählte Organisationsstrategie bestmöglich unterstützen sollten.[104] Andererseits ist eine Entwicklung hin zur projektorientierten Gesellschaft festzustellen, in der zeitlich befristete Arbeit und Selbstständigkeit ansteigen, und eine lebenslange Beschäftigung bzw. eine Karriere in einem einzigen Unternehmen die Ausnahme darstellt[105], wodurch der Bedarf und somit auch die Bedeutung von Personalmanagement in Unternehmen steigt. Spezifisch für projektorientierte Unternehmen ist weiterhin die Änderung der Zusammensetzung des Personals bei jedem Start und Ende eines Projektes. Dies hat direkte Auswirkungen auf die permanente Organisation und deren Personalmanagement.[106] Sind zum geplanten Projektstart keine entsprechenden Projektmanager verfügbar, so müssen diese rechtzeitig rekrutiert werden, oder das Projekt kann nicht in der ursprünglich vorgesehenen Weise durchgeführt werden. Damit wird deutlich, dass Projektmanager kritische Ressourcen für projektorientierte Unternehmen darstellen und deren Rekrutierung eine hohe Bedeutsamkeit aufweist.

Die Forschung zum Thema Personalmanagement konzentriert sich jedoch bisweilen auf das Personalmanagement in großen, stabilen Organisationen und vernachlässigt andere organisationale Ausrichtungen, die durch temporäre Organisationen wie Projekte und Programme, dynamische Umweltbeziehungen, etc. geprägt sind. Projektorientierte Unternehmen benötigen im Vergleich zu traditionellen Unternehmen jedoch unterschiedliche, als auch zusätzliche Praktiken und Prozesse des Personalmanagements:[107]

---

[104] vgl. Huemann, M. (HRM – a review), S. 1
[105] vgl. Huemann, M./Turner, R./Keegan, A. (Managing HR), S. 1062
[106] vgl. Keegan, A./Turner, R./Huemann, M. (HR in the POC), S. 649
[107] vgl. Turner, J.R./Huemann, M./Keegan, A.E. (Employee wellbeing), S. 1-2

- Projektorientierte Unternehmen benötigen unterschiedliche Praktiken des Personalmanagements, um der Dynamik der Arbeitsumgebung gerecht zu werden, und

- Projektorientierte Unternehmen benötigen zusätzliche Prozesse des Personalmanagements, da Projekte und Programme temporäre Organisationen sind und die Praktiken und Prozesse des Personalmanagements spezifisch dafür angepasst werden müssen.

Darstellung 21 zeigt die Kernprozesse des Personalmanagements in projektorientierten Unternehmen mit permanenter und temporärer Organisation, wozu auch die Rekrutierung von Projekt-Personal und somit Projektmanagern zählt.

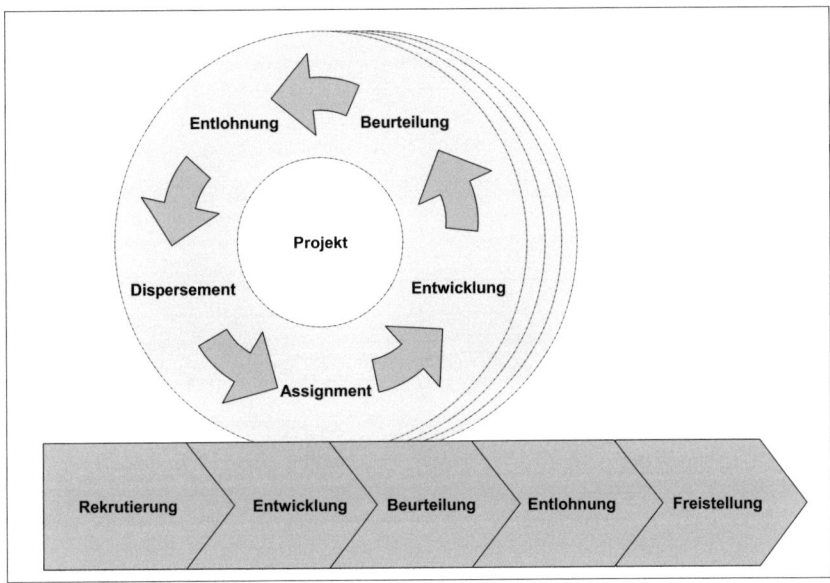

Darstellung 21: Kernprozesse des Personalmanagements in der permanenten und temporären Organisation projektorientierter Unternehmen

Quelle: vgl. Huemann, M. (HRM model), S. 23

Die Personalmanagement-Prozesse der permanenten Organisation beinhalten:

- Rekrutierung,
- Entwicklung,
- Beurteilung,
- Entlohnung, und
- Freistellung.

Analog dazu gibt es auch in der temporären Organisation Personalmanagement-Prozesse, die eine Verbindung zu den Prozessen in der permanenten Organisation aufweisen (siehe Darstellung 22). Personalmanagement-Prozesse der temporären Organisation sind:

- Assignment,
- Entwicklung,
- Beurteilung,
- Entlohnung, und
- Dispersement.

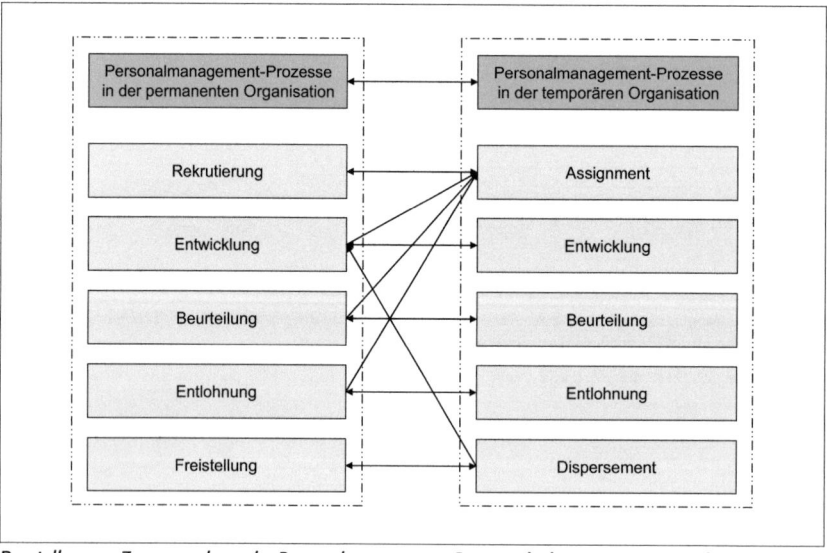

Darstellung 22: Zusammenhang der Personalmanagement-Prozesse in der permanenten und temporären Organisation

Quelle: Huemann, M. (HRM model), S. 24

Das Personalmanagement in projektorientierten Unternehmen muss einerseits traditionelle Personalmanagement-Prozesse wie Rekrutierung, Entwicklung und Freistellung anders anwenden wie in einem traditionell organisierten Unternehmen. Andererseits werden zusätzliche Personalmanagement-Prozesse benötigt, wie zum Beispiel Assignment, Entwicklung und Freistellung von Personal im Rahmen der temporären Organisation.[108] Einige Ansatzpunkte weisen darauf hin, dass insbesondere der Prozess Rekrutierung von Projektmanagern in projektorientierten Unternehmen von großer Bedeutung ist:

- Projektmanager weisen eine sehr große Bedeutung für den Projekterfolg auf, auch wenn sie in der Praxis oft auf sich alleine gestellt sind. Sie nehmen eine zentrale Integrationsrolle im Projekt ein und sind Ansprechpartner für alle Mitglieder der Projektorganisation und Vertreter relevanter Umwelten. Der Projektmanager "treibt" das Projekt voran und ist am Fortschritt und erfolgreichen Abschluss des Projektes interessiert.[109] Projektmanager sind daher eine strategische Kern-Ressource in projektorientierten Unternehmen. Folglich ist der Prozess der Rekrutierung von Projektmanagern ein zentraler Prozess in projektorientierten Unternehmen.[110]

- In vielen Unternehmen sind Projekte ein wesentlicher Bestandteil der Organisationsstruktur und ein bestimmender Faktor für unterstützende Prozesse und Systeme. Das Personalmanagement ist dabei eines der wichtigsten Prozesse, da ein gut funktionierendes Personalmanagement eine notwendige Voraussetzung für eine effektive und effiziente Abwicklung von Projekten ist.[111] Söderlund und Bredin kommen in einer Studie zum Ergebnis, dass es eine enge Beziehung zwischen der Entwicklung von projektorientierten Unternehmen und der Umsetzung bzw. Entwicklung der entsprechenden Personalmanagement-Praktiken gibt. Die erfolgreiche Abwicklung von Projekten benötigt effektives und anpassungsfähiges Personalmanagement[112], wie z.B. die Rekrutierung und Freistellung von Projektmanagern.

Allgemein ergibt sich die Bedeutung des Prozesses Rekrutierung von Projektmanagern aus der Wichtigkeit von Projekten im Unternehmen, womit der Bedarf an Projektmanagern und die Etablierung der Profession Pro-

---

[108] vgl. Huemann, M. (Project Management Personnel), S. 1
[109] vgl. Gareis, R. (Happy Projects), S. 82f
[110] vgl. Naesgaard, P./Huemann, M. (Recruiting Project Managers), S. 1
[111] vgl. Söderlund, J./Bredin, K. (HRM), S. 257
[112] vgl. Söderlund, J./Bredin, K. (HRM), S. 262

jektmanager im Unternehmen einhergeht. Mit der Etablierung der Profession Projektmanager gehen auch die Entwicklung einer Projektmanagement-Karriere und die Entwicklung von Kompetenzprofilen für verschiedene Karrierestufen einher.[113]

Als Beispiel für die Bedeutung von Projektmanagern und daher auch deren Rekrutierung kann der Kraftfahrzeughersteller Volvo dienen. Projektmanager spielen dort eine entscheidende Rolle in der Produktentwicklung, und jeder Projektmanager trägt die volle Verantwortung sowohl für den Business Case als auch für die technologischen Aspekte des Projektes.[114]

6.2 Anlassfälle für die Rekrutierung von Projektmanagern

Die Anlassfälle für die Rekrutierung von Projektmanagern können grundsätzlich unterschieden werden in

- Rekrutierung für das projektorientierte Unternehmen, und
- Rekrutierung für ein spezifisches Projekt.[115]

Anlassfälle für die Rekrutierung von Projektmanagern für das projektorientierte Unternehmen können sein:

- Zusätzlicher Bedarf an Projektmanagern durch neue, kurzfristig initiierte Projekte, der mit den bestehenden Ressourcen an Projektmanagern nicht mehr abgedeckt werden kann, und der PM Expert Pool somit erweitert wird, und

- Zusätzlicher Bedarf an Projektmanagern, der sich im Rahmen der mittel- bis langfristigen Personalbedarfsplanung ergibt.

Anlassfälle für die Rekrutierung von Projektmanagern für ein spezifisches Projekt können sein:

- Kurzfristige Initiierung eines Projektes (zum Beispiel durch kurzfristige Marktanforderungen, Gesetzesanforderungen, Ausschreibungen bei denen es unklar ist ob das Unternehmen den Zuschlag erhält), für das anderenfalls kein geeigneter Projektmanager zur Verfügung steht,

- Bedarf an spezifischen Kompetenzen eines Projektmanagers, der sich unter Umständen erst im Laufe eines Projektes ergeben hat und diese Kompetenzen im Unternehmen nicht verfügbar sind,

---

[113] vgl. Huemann, M. (Project Management Personnel), S. 4
[114] vgl. Söderlund, J./Bredin, K. (HRM), S. 256
[115] vgl. Naesgaard, P./Huemann, M. (Recruiting Project Managers), S. 1

- Eine Vielzahl gleichzeitig durchgeführter Projekte im projektorientierten Unternehmen, wobei Anzahl der Projekte und der benötigten Projektmanager starken Schwankungen unterlegen sind und der Bedarf an Projektmanagern mittel- bis langfristig nicht oder nur teilweise geplant werden kann,

- Freistellung des ursprünglich vorhergesehenen Projektmanagers vor Beginn des Projektes, und

- Freistellung eines Projektmanagers während der Laufzeit eines Projektes.

6.3 Spezifische Herausforderungen bei der Rekrutierung von Projektmanagern

Die Rekrutierung von qualifizierten Mitarbeitern stellt nahezu alle Unternehmen jeglicher Größenordnung vor große Herausforderungen. Ein Stichwort dazu ist der viel zitierte Begriff "war for talents", der insbesondere während der Boomphase der New Economy in den Jahren 2000 und 2001 verstärkt in den Medien aufgetaucht ist und nach wie vor häufige Verwendung findet. Die Rekrutierung von Personal in projektorientierten Unternehmen wie beispielsweise die Rekrutierung von Projektmanagern weist darüber hinaus noch zahlreiche weitere Herausforderungen auf (zu den allgemeinen Herausforderungen des Personalmanagements in projektorientierten Unternehmen siehe Kapitel 2.4), die in folgende Bereiche gegliedert werden können und nachfolgend näher beschrieben werden:

- Zusätzliche Aufgaben der Personalabteilung, die effektive und effiziente Rekrutierung erst ermöglichen und den Prozess der Rekrutierung unterstützen,

- Herausforderungen in Bezug auf Ausrichtung und Organisation der Abteilung Personalmanagement in projektorientierten Unternehmen,

- Herausforderungen im Zusammenhang mit der Planung von Ressourcen und Komplexität der Ressourcenallokation, und

- Sonstige Herausforderungen.

Zusätzliche Aufgaben der Personalabteilung in projektorientierten Unternehmen

Söderlund und Bredin identifizieren in ihrer Studie zum Personalmanagement und dessen Herausforderungen in projektorientierten Unternehmen einige Kernaktivitäten des Personalmanagements[116], von denen die nachfolgenden Kernaktivitäten mit der Rekrutierung von Projektmanagern zusammenhängen und diese unterstützen. Werden diese Kernaktivitäten nicht umgesetzt, ist davon auszugehen, dass das jeweilige Unternehmen für Projektmanager kein sonderlich attraktiver Arbeitgeber ist und es für das Unternehmen umso schwerer ist, qualifizierte Projektmanager zu rekrutieren.

- Entwicklung von Wissen und dessen Integration: Identifikation des Wissenspotenzials; Identifikation und Entwicklung von Strategien für Kernkompetenzen und Entwicklung der Kompetenzen; Management von Änderungen der Kompetenzanforderungen; und Entwicklung von Systemen für die Entwicklung von Projektpersonal;

- Aufbau von Vertrauen: Entwicklung von individuellen sozialen Netzwerken, als auch die Entwicklung des sozialen Netzwerkes des Unternehmens; aktive Einbringung bei der Personalbesetzung von Projekten; und Unterstützung des Netzwerkens von Projektpersonal; und

- Unterstützung der langfristigen Entwicklung individueller Mitarbeiter: Identifikation von individuellen Bedürfnissen und Problemen; Unterstützung bei der Karriereentwicklung und der Schaffung eines Ausgleiches zwischen Arbeit und Privatleben; Schaffung eines Ausgleiches zwischen Perioden mit sehr hoher und Perioden mit niedriger Arbeitsauslastung; und Unterstützung der persönlichen und professionellen Entwicklung von Projektpersonal.

Huemann weist darüber hinaus auf folgende Aktivitäten im Verantwortungsbereich der Personalabteilung in projektorientierten Unternehmen hin, welche die Rekrutierung von Projektpersonal unterstützen, indem das Unternehmen als attraktiver Arbeitgeber positioniert werden kann:

- Entwicklung eines Karrierepfades für Projektpersonal: Wie wichtig Projektmanagement für ein Unternehmen tatsächlich ist, lässt sich an den Karrierepfaden für Projektpersonal erkennen. Wenn Projektmanagement als eine bedeutende Profession im Unternehmen betrachtet wird, bietet das Unternehmen den Mitarbeitern auch ei-

---

[116] vgl. Söderlund, J./Bredin, K. (HRM), S. 263

nen entsprechenden Karrierepfad an. Die Karriere eines Projektmanagers ist meist als eine Sequenz von Projekten zu verstehen, die sorgfältig geplant und umgesetzt werden muss, um die Entwicklung und den Erfolg des Projektmanagers zu ermöglichen bzw. zu unterstützen.[117] Huemann identifiziert dazu fünf konkrete Praktiken zur Unterstützung von Projektmanagement-Karrieren:

  o Definition einer Projektmanagement-Karriere,

  o Neue Definition von "oben" bzw. "hinauf" auf der Karriereleiter,

  o Einrichtung von Karriere-Komitees zum Management der Entwicklung von Projektpersonal,

  o Schaffung von internen Projektmanagement-Communities bzw. Ermöglichung des Zugangs zu externen Communities, und

  o Sicherstellung, dass Projektpersonal für die Erreichung ihrer Karriereziele selbst Verantwortung übernimmt.[118]

- Sicherstellung des Wohlbefindens und ethischen Umgangs mit Projektpersonal: Die dynamische Arbeitsumgebung in projektorientierten Unternehmen mit sich ständig ändernder Zusammensetzung des Personal in temporären Organisationen kann für Mitarbeiter zu Belastungen führen. Herausforderungen sind dabei häufig:

  o Einhaltung einer Balance zwischen Arbeit und Privatleben, um Folgen wie bspw. Burn-out entgegenzuwirken;

  o Reduzierung der Unsicherheit bezüglich zukünftiger Aufgaben und Adressierung von Rollenkonflikten in der Projektarbeit, um die Mitarbeiterfluktuation zu verringern; und

  o Verbindung von Projekten mit der Karriereentwicklung, um die Projektarbeit für Mitarbeiter attraktiv zu gestalten und somit Personal für zukünftige Projekte zu entwickeln.[119]

- Entwicklung eines internen Trainee- und Mentoring-Programmes, um erfahrene Mitarbeiter als zukünftige Projektmanager zu qualifizieren.[120]

---

[117] vgl. Naesgaard, P./Huemann, M. (Recruiting Project Managers), S. 2
[118] vgl. Huemann, M./Turner, R./Keegan, A. (Managing HR), S. 1066-1069
[119] vgl. Turner, J.R./Huemann, M./Keegan, A.E. (Employee wellbeing), S. 5
[120] vgl. Naesgaard, P./Huemann, M. (Recruiting Project Managers), S. 6

Ausrichtung und Organisation der Abteilung Personalmanagement in projektorientierten Unternehmen

Um effektive und effiziente Rekrutierung zu gewährleisten, muss die Abteilung Personalmanagement in projektorientierten Unternehmen entsprechend ausgerichtet und organisiert sein. Dazu ist es notwendig, dass für die temporären Organisationen neue Praktiken des Personalmanagements etabliert und die Praktiken des Personalmanagements der Linienorganisation adaptiert werden, um die Organisationsstrategie Management-by-Projects bestmöglich zu unterstützen.[121]

Eine spezifische Herausforderung für die Personalabteilung besteht darin, dass bei der Rekrutierung mehrere Akteure zusammenspielen. Für die erfolgreiche Rekrutierung von Projektmanagern muss eine enge Kooperation zwischen der Personalabteilung, Funktionen des Projektmanagements (z.B. vertreten durch das Projektmanagement-Office oder Senior Projektmanager) und Managern in der permanenten Linienorganisation bestehen. Durch das Vorhandensein zahlreicher Akteure, die bei der Rekrutierung von Projektmanagern involviert sind, steigen Abstimmungsaufwand und Komplexität bei der Durchführung des Prozesses an.[122] Söderlund und Bredin identifizieren in einer Fallstudie eine mögliche Ausgestaltung der Organisation der Abteilung Personalmanagement in projektorientierten Unternehmen. Bei dieser Fallstudie wurde das Unternehmen Posten untersucht. Bei Posten handelt es sich um ein staatliches Postunternehmen, das ca. 40.000 Mitarbeiter beschäftigt, ein komplexes Portfolio an Projekten aufweist (einige Projekte sind mit einer Dauer von drei bis vier Monaten kurzfristig, während es ebenso Projekte mit einer Dauer von drei bis vier Jahren gibt), und in dem ca. 4.000 Mitarbeiter regelmäßig in Projekten arbeiten. Posten hat die Personalabteilung so organisiert, dass diese aus einem schlanken Personalmanagement-Team mit hoch qualifizierten Mitarbeitern besteht, dem Personal-Direktor und einem Netzwerk an so genannten Personal-Beratern, die gemeinsam mit den Managern in der Linie arbeiten und sich selbst in einer beratenden Dienstleistungsfunktion sehen.[123]

Weitere Herausforderungen bei der Rekrutierung von Projektmanagern in Bezug auf die Ausrichtung und Organisation der Personalabteilung sind nach Söderlund und Bredin[124]:

---

[121] vgl. Huemann, M./Turner, R. (Aligning HRM), S. 4
[122] vgl. Naesgaard, P./Huemann, M. (Recruiting Project Managers), S. 6
[123] vgl. Söderlund, J./Bredin, K. (HRM), S. 253
[124] vgl. Söderlund, J./Bredin, K. (HRM), S. 253-259

- Schaffung einer aktiven Personalabteilung, die in den Betrieb des Unternehmens gut integriert ist und mit ihrem Wissen den Rest der Organisation proaktiv unterstützt,

- Entwicklung der Rolle Projektmanager im Unternehmen, um das Verhältnis zwischen Projekten und Linienorganisation zu verbessern; die Personalabteilung ist dafür verantwortlich, die Rollenbeschreibung für Kernmitglieder der Projektteams zu beaufsichtigen und zu verbessern, ebenso wie die Set-up Phase von Projekten,

- Unterstützung des Projektpersonals in der verstärkten Übernahme von Verantwortung für ihre Karriere im Unternehmen; Mitarbeiter sollten sich selbst proaktiv über alternative Jobs und Karrieremöglichkeiten im Unternehmen informieren, indem sie sich rechtzeitig damit auseinandersetzen und sich darüber klar werden, was sie nach Abschluss eines Projektes weiterhin im Unternehmen machen möchten,

- Reduktion der Linienorientierung der Personalabteilung, damit diese mögliche spezifische Probleme in Projekten besser versteht und Mitarbeiter unterstützen kann,

- Entwicklung einer Methode, um die frühe Projektphase zu beschleunigen, indem die Teamrollen und Teamprofile verbessert werden und Rollen bzw. Prozeduren für das Set-up von Projekten definiert werden, und

- Einrichtung von Prozessen und Systemen, um vorhandene Kapazitäten und Kompetenz nachzuverfolgen und somit auch aktiv weiterentwickeln zu können, da die Arbeit in Projekten generell wissensintensiver ist und es gleichzeitig schwieriger ist, Projekte nachzuverfolgen und zu überwachen als Aufgaben in der Linie; da Mitarbeiter zunehmend in kurzfristigen Projekten arbeiten, nimmt die Bedeutung der Nachverfolgung und Weiterentwicklung von Kompetenzen zu.

Planung von Ressourcen und Komplexität der Ressourcenallokation

Durch die Organisationsstrategie Management-by-Projects ergeben sich für die Organisation, insbesondere für die Personalabteilung, zusätzliche Herausforderungen bei der Planung des Ressourcenbedarfs bzw. der Ressourcenallokation, die sich wiederum auf die Rekrutierung auswirken. Diese Herausforderungen sind:

- Die Planung von Ressourcen in projektorientierten Unternehmen ist generell aufgrund der höheren Dynamik sehr schwer bzw. ist eine detaillierte Planung in vielen Fällen nicht sinnvoll, was zu kurzfristiger Rekrutierung von Projektpersonal wie beispielsweise Projektmanagern führen kann,

- Wurden Projekte bereits gestartet, so sind auch während der Projektlaufzeit zahlreiche Änderungen zu erwarten, die wiederum Auswirkungen auf die Ressourcenplanung haben und unter gewissen Umständen einen Bedarf an zusätzlicher Rekrutierung schaffen,

- Oftmals sind die Anforderungen an Projektmanager zu Beginn des Projektes noch nicht genau definiert bzw. ändern sich über den Zeitablauf des Projektes, wodurch sich unter Umständen Bedarf an zusätzlichen Projektmanagern mit den gewünschten Kompetenzen ergibt, die im Unternehmen intern nicht verfügbar sind und daher erst rekrutiert werden müssen,[125]

- Werden Aufträge für Projekte über Ausschreibungen akquiriert, so ist bei der Erstellung des Angebotes bzw. bei Konzeptionsprojekten unklar, ob der Zuschlag erteilt wird und daher Ressourcen für das Projekt benötigt werden; ist kurzfristig kein Projektmanager im Unternehmen intern mit den benötigten Kompetenzen für dieses spezifische Projekt verfügbar, so muss dieser extern rekrutiert werden um das Projekt durchführen zu können,

- Oft können Unternehmen auch den kurzfristigen Bedarf an Ressourcen nicht vorhersehen, weshalb manche Unternehmen zwischen 20% und 40% an Leiharbeitern beschäftigen, um der Unsicherheit der Arbeitsauslastung entgegenzuwirken,[126]

- Ebenso können in projektorientierten Unternehmen mit vielen gleichzeitigen Projekten Konflikte bei der Ressourcenplanung auftreten[127], die wiederum einen Bedarf an zusätzlichen Ressourcen und damit an Rekrutierung auslösen können,

- Nach einer empirischen Studie von Elonen und Artto[128] treten in der Praxis projektorientierter Unternehmen häufig auch zu strenge Zeitpläne und Ressourcenschätzungen, zu viele Projekte bei zu wenigen Ressourcen bzw. das Fehlen kompetenter Projektmanager auf,

- In Zeiten steigenden wirtschaftlichen Druckes auf Unternehmen werden oft immer mehr Projekte mit denselben Ressourcen durch-

---

[125] vgl. Huemann, M. (HRM model), S. 13
[126] vgl. Huemann, M./Turner, R./Keegan, A. (Managing HR), S. 1063
[127] vgl. Patzak, G./Rattay, R. (Projekt Management), S. 203
[128] vgl. Elonen, S./Artto, K.A. (multi-project environments), S. 398-400

geführt, oder sogar mehr Projekte mit immer weniger Ressourcen[129], und

- In der Regel gibt es in projektorientierten Unternehmen keinen eigenen Prozess für Ressourcenplanung, stattdessen wird die Ressourcenplanung in mehreren verschiedenen Prozessen durchgeführt.[130]

Sonstige Herausforderungen

Neben den zusätzlichen Aufgaben der Personalabteilung, Herausforderungen in Bezug auf Ausrichtung und Organisation und Herausforderungen im Zusammenhang mit der Planung von Ressourcen und Komplexität der Ressourcenallokation bestehen für die Rekrutierung von Projektmanagern in projektorientierten Unternehmen noch weitere Herausforderungen:

- Es besteht im Unternehmen ein genereller Wettbewerb um den Einsatz der besten Leute in der permanenten Linienorganisation und in temporären Projektorganisationen,

- In vielen Fällen ist die Arbeit in der permanenten Linienorganisation besser entlohnt als die Arbeit in Projekten, wodurch es für Unternehmen schwer ist, exzellente Projektmanager in einer Projektmanagement-Karriere zu halten und diese Projektmanager von einem Wechsel in eine Linienfunktion abzuhalten,[131]

- Es ist generell schwer, projektorientierte Mitarbeiter für projektorientierte Unternehmen zu finden, da oftmals der Eindruck herrscht, dass diese zu viel Verantwortung tragen und zu viel Druck ausgesetzt sind,[132]

- Bei der Rekrutierung von Projektmanagern wird nach spezifischen Kompetenzen gesucht, die nicht einfach zu finden sind:

  o Projektmanagement – Wissen und Erfahrung in Bezug auf Projektmanagement-Methoden und -Prozessen sowie soziale Kompetenzen,

  o Organisation – Wissen und Erfahrung in Bezug auf spezifische Prozesse der projektorientierten Organisation wie dem Assignment von Projekten und Programmen, Projektportfolio-Management und Programmmanagement,

---

[129] vgl. Spühler, R.W./Biagini, R.G. (internal projects)
[130] vgl. Kienast, M. (Ressourcenplanung), S. 64
[131] vgl. Naesgaard, P./Huemann, M. (Recruiting Project Managers), S. 2
[132] vgl. Söderlund, J./Bredin, K. (HRM), S. 264

o Betriebswirtschaftliche Kenntnisse – soziale Netzwerke, Produkte, Branche, etc.,

o Technische Kenntnisse – Technik, Marketing, Konstruktion, etc., und

o Kulturelles und ethisches Bewusstsein bei internationalen Projekten,[133]

- Neben der Schwierigkeit diese Kompetenzen eines Projektmanagers überhaupt zu finden, werden die Kompetenzen zusätzlich in verschiedenen Unternehmen auch unterschiedlich definiert und das Rollenverständnis eines Projektmanagers kann ein weites Spektrum zwischen Projektleiter und Manager mit Personalverantwortlichkeiten bis hin zu einem Koordinator der Aufgaben reichen,[134]

- Bei der internationalen Rekrutierung von Projektmanagern mit einem Transfer von Mitarbeitern von einem Land in ein anderes Land kann es auch zu rechtlichen Einschränkungen kommen, bzw. leisten viele potentielle Mitarbeiter eine eingeschränkte Mobilität auf, insbesondere wenn diese schon sehr erfahren und hochrangig sind oder sich mit ihrer Familie bereits niedergelassen haben und ein Umzug nicht in Betracht kommt; daneben kann es noch zu Problemen der kulturellen Akzeptanz und Sprachbarrieren kommen,[135]

- Aufgrund des oft kurzfristigen Ressourcenbedarfs müssen die Prozesse der Rekrutierung von Projektmanagern eine hohe Geschwindigkeit aufweisen und Rekrutierungs-Entscheidungen flexibel getroffen werden, und

- Wird ein externer Projektmanager für ein bereits bestehendes Projekt-Team rekrutiert, so muss bei der Rekrutierung auch der persönliche Fit des neuen Projektmanagers mit dem vorhandenen Team bedacht werden, wobei für Maßnahmen der Teamentwicklung meist keine Zeit bleibt.

6.4 Ziele und Organisation der Rekrutierung von Projektmanagern

Die Ziele des Prozesses Rekrutierung von Projektmanagern können wie folgt beschrieben werden:

- Rekrutierung entsprechend qualifizierter Projektmanager, die die erforderlichen Kompetenzen aufweisen, und

---

[133] vgl. Naesgaard, P./Huemann, M. (Recruiting Project Managers), S. 3
[134] vgl. Naesgaard, P./Huemann, M. (Recruiting Project Managers), S. 3
[135] vgl. Huemann, M./Turner, R. (Aligning HRM), S. 11

- Ausreichend rasche Rekrutierung von Projektmanagern, um den zeitlichen Bedürfnissen des jeweiligen Projektes zu entsprechen, für das rekrutiert wird.

In Bezug auf die Organisation des Prozesses Rekrutierung von Projektmanagern ist festzustellen, dass mehrere verschiedene Rollen mitwirken, um der Organisationsstrategie Management-by-Projects gerecht zu werden. Bredin und Söderlund kommen in einer Studie aus dem Jahr 2006 zum Ergebnis, dass eine weitere Dezentralisierung der Personalmanagement-Funktion in projektorientierten Unternehmen zielführend ist.[136]

Nach einer Studie von Huemann und Turner ist für die Rekrutierung von Projektmanagern für das projektorientierte Unternehmen in den untersuchten Unternehmen die permanente Linienorganisation sowohl für neue permanente als auch temporäre Mitarbeiter verantwortlich.[137] Folgende Rollen bzw. organisationale Einheiten seitens des rekrutierenden Unternehmens sind dabei involviert:

- PM Expert Pool Manager,

- PM Office, und

- Personalabteilung.

Die Rekrutierung von Projektmanagern für ein spezifisches Projekt nimmt ihren Ausgangspunkt meist ebenso in der permanenten Organisation. Dabei gibt es Unterschiede zwischen Unternehmen, die sehr langfristige Projekte durchführen, und Unternehmen, die kurzfristige Projekte durchführen:

- In Unternehmen mit sehr großen Projekten werden die für ein Projekt benötigten Ressourcen im Zuge der jährlichen Budgetplanung geplant. Der Assignment-Prozess geht üblicherweise vom Projektsponsor aus, und wird vom Projektmanager übernommen, wenn dieser feststeht. Der Projektmanager rekrutiert in weiterer Folge zusätzliche Ressourcen für das Projekt auf Basis der benötigten Kompetenzen, der Erfordernis zur Entwicklung von Mitarbeitern und der individuellen Karrierebestrebungen.

- In Unternehmen mit kurzfristigeren Projekten muss der Assignment-Prozess flexibler gehandhabt werden, insbesondere wenn kurzfristig unvorhersehbare Kundenanforderungen gestellt werden. Unterneh-

---

[136] vgl. Bredin, K./Söderlund, J. (Perspectives)
[137] vgl. Huemann, M./Turner, R. (Aligning HRM), S. 10

men halten dabei einen Pool an potentiellem Projektpersonal, das kurzfristig für Projekte herangezogen werden kann.[138]

6.5 Beschreibung des Prozesses Rekrutierung von Projektmanagern

Der Prozess Rekrutierung von Projektmanagern lässt sich zunächst unterteilen in

- Rekrutierung von Projektmanagern, und

- Auswahl von Projektmanagern.

Naesgaard und Huemann[139] beschreiben den Prozess wie folgt (siehe Darstellung 23). Entgegen den Ergebnissen einer Untersuchung von Huemann und Turner (siehe Kapitel 6.4) sehen Naesgaard und Huemann die Verantwortung für die Rekrutierung von Projektmanagern in erster Linie beim PM Expert Pool Manager "Projektmanager", wobei die Personalabteilung nur einen Beitrag leistet bzw. informiert wird.

---

[138] vgl. Keegan, A./Turner, R./Huemann, M. (HR in the POC), S. 5f
[139] vgl. Naesgaard, P./Huemann, M. (Recruiting Project Managers), S. 2

Prozessschritte	PM Expert Pool Manager "Projektmanager"	PM Office	Bewerber	Personalabteilung	Hilfsmittel
A) Rekrutierung Projektmanager					
1) Planung des Bedarfs an Projektmanagern	P	C		C	1
2) Check: Anforderungsprofil Projektmanager	P	C			2
3) Check: Anreizmodelle für Projektmanager	P	C			
4) Entscheidung interne/externe Personalbeschaffung	P	C		C	
5) Durchführung Personalwerbung	P	I	I	C	3
B) Auswahl Projektmanager					
1) Planung Auswahlmethoden	P	C		I	4
2) Vorauswahl der Kandidaten	P	I	C	I	
3) Durchführung Personalauswahl	P	C	C	I	
4) Follow-up zur Personalauswahl	P	I	C	I	5

Verantwortlichkeiten

Legende				
P	Performance	1	Bedarfsplanung Projektmanager	
C	Contribution	2	Kompetenzprofil Projektmanager	
I	Information	3	Textvorlage für Personalwerbung	
		4	Liste: Auswahlmethoden	
		5	Vertrag	

Darstellung 23: Prozessbeschreibung Rekrutierung von Projektmanagern

Quelle: vgl. Naesgaard, P./Huemann, M. (Recruiting Project Managers), S. 2

Rekrutierung Projektmanager

Bei der Rekrutierung von Projektmanagern geht es darum, möglichst viele geeignete Kandidaten für die zu besetzende Position zu erreichen und diese zu einer Bewerbung zu veranlassen. Der Prozess läuft in fünf groben Schritten ab:

- Als erster Schritt (A1) wird der Bedarf an Projektmanagern geplant. Diese Bedarfsplanung erfolgt in Abhängigkeit von der Größe bzw. Dauer der durchgeführten Projekte in der projektorientierten Organisation. In projektorientierten Unternehmen mit großen langfristigen Projekten wird der Bedarf an Projektmanagern üblicherweise im Rahmen der jährlichen Budgetplanung festgelegt. Werden hingegen kurzfristigere Projekte durchgeführt, erfolgt die Planung des Bedarfs an Projektmanagern auf einer flexibleren Basis, insbesondere wenn häufig auf nicht vorhersehbare Kundenanforderungen eingegangen werden muss. Als Hilfsmittel kann bei diesem Prozessschritt die Bedarfsplanung an Projektmanagern verwendet werden, sofern diese formalisiert im projektorientierten Unternehmen existiert.

- In einem zweiten Schritt (A2) erfolgt eine Kontrolle des Anforderungsprofiles für Projektmanager. Das Anforderungsprofil für Projektmanager kann von einer Rollenbeschreibung und einem Kompetenzprofil abgeleitet werden. Dieses Anforderungsprofil stellt die Basis für die Suche nach Projektmanagern am Arbeitsmarkt dar, indem in diesem Schritt auch das Angebot des Unternehmens an Projektmanager festgelegt wird und einen Einfluss darauf hat, welche Kandidaten dadurch am Arbeitsmarkt angesprochen werden. In weiterer Folge stellt das Anforderungsprofil die Basis für die Auswahl von Projektmanagern dar. Ein Hilfsmittel ist dabei das Kompetenzprofil für Projektmanager, das beispielsweise durch das PM Office, dem PM Expert Pool Manager oder der Personalabteilung zur Verfügung gestellt wird und eventuell bereits von vorhergehenden Rekrutierungen von Projektmanagern im Unternehmen vorliegt.

- In einem dritten Schritt (A3) wird das Anreizmodell für Projektmanager überprüft. Damit sich hoch qualifizierte Kandidaten für die Position des Projektmanagers bewerben, muss das projektorientierte Unternehmen entsprechende Anreize schaffen. Dabei geht es nicht nur um finanzielle Anreize, sondern beispielsweise auch um das Vorhandensein eines definierten Karrierepfades für Projektmanager um deren individuelle Weiterentwicklung sicherzustellen, oder organisationale Vorkehrungen zur Sicherung einer bestimmten Work-Life-Balance von Projektmanagern.

- In einem vierten Schritt (A4) muss eine Entscheidung getroffen werden, ob man die Projektmanager unternehmensintern oder vom externen Arbeitsmarkt rekrutiert. Sind im projektorientierten Unternehmen ausreichende Ressourcen an entsprechend qualifizierten Projektmanagern verfügbar, so wird man bei der Rekrutierung in der Regel aus Zeit- und Kostengründen in erster Linie auf diese bereits im Unternehmen bestehenden Ressourcen zurückgreifen. Sind unternehmensintern keine Ressourcen verfügbar, so muss bei der Rekrutierung ohnedies auf den externen Arbeitsmarkt zurückgegriffen werden.

- Nach der Entscheidung zwischen interner und externer Rekrutierung von Projektmanagern wird in einem fünften Schritt (A5) die Personalwerbung durchgeführt, mit der Zielsetzung, möglichst viele geeignete Kandidaten für die Position des Projektmanagers zu erreichen. Dazu werden den Kandidaten bereits umfangreiche Informationen zum Unternehmen und zur ausgeschriebenen Position zur Verfügung gestellt, um deren Interesse zu wecken und diese zu einer Bewerbung zu veranlassen. Als Hilfsmittel für diesen Schritt kann eine Textvorlage für die Personalwerbung dienen, die als Vorlage verwendet werden kann und gegebenenfalls spezifisch adaptiert werden muss.

Auswahl Projektmanager

Im Unterschied zur Rekrutierung von Projektmanagern geht es bei der Auswahl von Projektmanagern darum, aus den Bewerbern den am besten geeigneten auszuwählen. Der Prozess kann in vier Schritten abgebildet werden:

- In einem ersten Schritt werden die Auswahlmethoden geplant (B1), mit denen aus den Bewerbern der am besten geeignete Kandidat bzw. die am besten geeigneten Kandidaten herausgefiltert werden. Als Hilfsmittel kann für diesen Prozessschritt eine Liste an möglichen Auswahlmethoden verwendet werden, die im Sinne einer Checkliste dazu dient, aus der Vielzahl an möglichen Auswahlmethoden jene auszuwählen, die für das jeweilige projektorientierte Unternehmen zielführend ist bzw. sind.

- In einem zweiten Schritt werden die Kandidaten, die sich für die Stelle des Projektmanagers beworben haben, vorausgewählt (B2). Dieser Prozessschritt ist vor allem dann sinnvoll, wenn sich für die ausgeschriebene Position sehr viele Kandidaten beworben haben, aus denen nun eine Auswahl getroffen werden muss. Um eine effiziente Vorgehensweise sicherzustellen, werden für die Vorauswahl andere Auswahlmethoden eingesetzt als für die endgültige Personalauswahl. Methoden zur Vorauswahl von Bewerbern zeichnen sich dadurch aus, dass diese die Handhabung großer Mengen an Bewerbern erlauben und auf Basis vordefinierter Kriterien bereits ein gewisser Anteil an Bewerbern ausgeschlossen werden kann, die die Anforderungen der ausgeschriebenen Position nicht erfüllen. Ein effizienter Einsatz der Ressourcen wird dadurch erreicht, dass die in der Regel

Ressourcen-intensiveren Auswahlmethoden nur für jene Kandidaten eingesetzt werden, die jene Mindestanforderungen des projektorientierten Unternehmens erfüllen, die bereits verhältnismäßig einfach im Rahmen einer Vorauswahl abgefragt werden können.

- In einem dritten Schritt wird die Personalauswahl durchgeführt (B3). Dabei werden jene Kandidaten einer weiteren Auswahl unterzogen, die sich im Rahmen der Vorauswahl als geeignet herausgestellt haben. In Abhängigkeit von der spezifischen Auswahlmethode die verwendet wird, werden mehr oder weniger Ressourcen im Unternehmen für die Rekrutierung gebunden. Da auf jeden Fall relevante Ressourcen gebunden werden muss sichergestellt sein, dass die Durchführung der Personalauswahl gut vorbereitet wird, professionell abläuft und tatsächlich zur bestmöglichen Auswahlentscheidung für das Unternehmen führt. Ein professioneller Ablauf der Personalauswahl ist auch insofern von Bedeutung, als dass geeignete Kandidaten bei der Personalauswahl mit dem Unternehmen direkt in Kontakt kommen und das Unternehmen dabei bei den Kandidaten einen Eindruck hinterlässt. Ist dieser Eindruck aufgrund mangelnder Professionalität bei der Personalauswahl schlecht, so werden sich geeignete Kandidaten möglicherweise dazu entscheiden, selbst bei Erhalt eines Angebotes ein alternatives Angebot in einem anderen Unternehmen anzunehmen oder weiter nach einer entsprechenden Position zu suchen.

- Steht nach Durchführung der Personalauswahl ein geeigneter Kanndidat bzw. stehen mehrere geeignete Kandidaten fest, die den Anforderungen des Unternehmens entsprechen und daher eingestellt werden sollen, folgt in einem vierten Schritt ein Follow-up zur Personalauswahl (B4). Dabei werden meist noch vertragliche Details geregelt und der Vertrag unterzeichnet. Als Hilfsmittel kann bei diesem Prozessschritt ein Mustervertrag dienen, der je nach spezifischen Erfordernissen adaptiert werden muss.

Je nach Definition des Umfangs des Prozesses Rekrutierung von Projektmanagern wird auch der Einführungsprozess des neuen Mitarbeiters als Teil des Prozesses angesehen, auf den im Rahmen dieser Arbeit aus Platzgründen jedoch nicht näher eingegangen werden kann.[140]

Auf Basis des Modells von Naesgaard und Huemann wird für die Rekrutierung von Projektmanagern folgendes idealtypisches Modell vorgeschlagen, das sich sowohl für die Rekrutierung für ein spezifisches Projekt und

---

[140] Vertiefend siehe dazu Eskerod, P./Blichfeldt B.S. (entrees and withdrawals)

für das projektorientierte Unternehmen allgemein eignet, wobei die Verantwortlichkeiten zwischen PM Expert Pool Manager "Projektmanager", PM Office und Personalmanagement je nach konkreter organisatorischer Ausgestaltung im projektorientierten Unternehmen wechseln können. Der Projektauftraggeber wird als Rolle im Prozess der Rekrutierung vor allem dann in Erscheinung treten, wenn ein Projektmanager für ein einzelnes spezifisches Projekt rekrutiert wird.

Verantwortlichkeiten	PM Expert Pool Manager "Projektmanager"	PM Office	Projekt-Auftraggeber (wenn vorhanden)	Personalmanagement	Bewerber	Hilfsmittel
Prozessschritte						
1) Planung Bedarf an Projektmanagern	P	C	C	I		
1) Definition allgemeiner und spezifischer Anforderungen an Projektmanager	P	C	C	I		1
2) Entscheidung interne/externe Rekrutierung und Definition der Maßnahmen	P	I		C		
3) Durchführung der Maßnahmen zur Rekrutierung	P	I		I	I	2
4) Treffen der Vorauswahl von Bewerbern	P	I		I	I	
5) Treffen der endgültigen Auswahlentscheidung	P	C	C	C	I	
6) Follow-up zur Personalauswahl	P			I	C	3

Legende				
P	Performance	1	Kompetenzprofil Projektmanager	
C	Contribution	2	Textvorlage für Jobprofil	
I	Information	3	Vertrag	

Darstellung 24: Prozessbeschreibung Rekrutierung von Projektmanagern

6.6 Methoden für die Rekrutierung von Projektmanagern

Die spezifischen Erfordernisse des projektorientierten Unternehmens führen konsequenterweise dazu, dass die traditionelle Form der Personalbeschaffung (Anstellung eines Mitarbeiters im Unternehmen und unternehmensinterne Weiterbildung) zu kurz greift und drüber hinaus flexiblere Methoden gefunden werden müssen. Patzak und Rattay schlagen dazu je eine Lösungsalternative für die unternehmensinterne und die unternehmensexterne Personalbeschaffung vor:

- Schaffung von Pools (unternehmensinterne Personalbeschaffung): Pools sind eine Gruppe von Personen mit gleichen oder ähnlichen Qualifikationen, auf die bei Bedarf unternehmensweit zugegriffen werden kann. Durch diese Organisationsstruktur wird die interne Ressourcenbeschaffung erleichtert und Bedarfsspitzen können besser abgedeckt werden.

- Vermehrte Nutzung von externem Personal (unternehmensexterne Personalbereitstellung) beispielsweise durch Management auf Zeit, Contracting, Leiharbeit, Personalleasing oder Outsourcing: Während durch die verstärkte Nutzung von externem Personal einerseits die Fixkosten des Unternehmens reduziert werden können, kann andererseits auch auf spezialisiertes Wissen zurückgegriffen werden, das über das übliche Unternehmensgeschäft hinausgeht.[141]

Die vermehrte Nutzung von externem Personal scheint auf den ersten Blick sehr attraktiv zu sein, jedoch bestehen sowohl aus Mitarbeiter- und Personalmanagementsicht auch zahlreiche Nachteile. Patzak und Rattay geben eine Übersicht über die Vor- und Nachteile von externer Personalbereitstellung aus Sicht der Mitarbeiter und des Personalmanagements (siehe Darstellung 25).

---

[141] vgl. Patzak, G./Rattay, R. (Projekt Management), S. 509f

Externe Personalbereitstellung aus Mitarbeitersicht	
Vorteile	**Nachteile**
Vorbereitung auf Berufseinstieg	Häufiger Stellenwechsel
Dispositionsfreiheit bezüglich gewünschter Einsatzdauer	Mangelnde Aufstiegschancen
Vermeidung eines negativen Images aufgrund zahlreicher Arbeitsplatzwechsel	Schwierigkeiten bei Eingehen eines Dauerdienstverhältnisses
Interessante Arbeit und Erweiterung von Kenntnissen und Fähigkeiten	
Abwechslung im Arbeitsalltag	
Sinnvolle Beschäftigung zur Überbrückung der Zeit zwischen zwei Beschäftigungen	

Externe Personalbereitstellung aus Personalmanagementsicht	
Vorteile	**Nachteile**
Teamfähigkeit und schnelles hineindenken in neue Aufgaben als wichtige Kompetenzen, die bei Leiharbeitskräften durch häufige Stellenwechsel oftmals stark ausgeprägt sind	Lange Einarbeitungszeit aufgrund fehlender unternehmensspezifischer Kenntnisse, insbesondere bei komplexen Einsatzbereichen mit unternehmensspezifischen Aufgaben
Benötigte Qualifikationen lassen sich bei bekannten Anforderungsprofilen kurzfristig abrufen	Schwierigkeiten bei der Etablierung einer starken Organisationskultur, wenn viele externe Mitarbeiter eingesetzt werden
Personal kann ohne starke Belastung der Unternehmensressourcen und ohne Störung des Regelbetriebes rekrutiert werden	Know-how Zuwachs externer Mitarbeiter kommt dem Unternehmen nicht zugute
Die Integration von Projektpersonal in die Linienorganisation nach Projektende entfällt	Mögliche Probleme in Bezug auf Geheimhaltung und Sicherheit
Kurzfristige Verfügbarkeit von externem Personal wenn Stammmitarbeiter ausfallen oder unvorhersehbare Zusatzarbeit anfällt	Mögliche Spannungen bei unterschiedlichem Gehaltsniveau zwischen internen und externen Mitarbeitern
Sinnvolle Methode, vor allem wenn unternehmensinterne Personalreserven stark beschränkt sind bzw. das Auftragsvolumen stark schwankt	
Externes Personal ist häufig kostengünstiger als die Bezahlung von Überstunden eigener Mitarbeiter oder der Haltung von Personalreserven	

Darstellung 25: Vor- und Nachteile externer Personalbereitstellung in projektorientierten Unternehmen aus Sicht der Mitarbeiter und des Personalmanagements

Quelle: vgl. Patzak, G./Rattay, R. (Projekt Management), S. 510f

Neben dieser Übersicht über die beiden grundsätzlichen Möglichkeiten der Personalbeschaffung (unternehmensinterne Beschaffung bspw. durch Pools, die sich bereits in den meisten projektorientierten Unternehmen etabliert haben, und unternehmensexterne Beschaffung bspw. durch externe Personalbereitstellung) und deren Vor- und Nachteile haben Huemann, Turner und Keegan drei Methoden identifiziert, die häufig bei der Rekrutierung von Projektmanagern in projektorientierten Unternehmen angewandt werden:

- Informelle Rekrutierung,

- Assessment Centers, und

- Netzwerke.[142]

Informelle Rekrutierung

In projektorientierten Unternehmen sind Methoden zur Rekrutierung deutlich weniger formell als in klassisch organisierten Unternehmen. Externe Mitarbeiter werden häufig für die Arbeit an einem einzigen Projekt rekrutiert, beispielsweise auf Freelance-Basis, was für die Unternehmen durchaus üblich ist und kein Problem darstellt, da in der Regel bereits viele Mitarbeiter auf dieser Basis für das Unternehmen arbeiten. Wenn sich im Laufe dieses einen Projektes herausstellt, dass der neue Mitarbeiter eine gute Leistung erbringt und in die Unternehmenskultur passt, wird diesem Mitarbeiter oft ein reguläres Dienstverhältnis angeboten.

Assessment Centers

Assessment Centers sind eine sehr Ressourcen-intensive Methode für die Rekrutierung von Projektmanagern. Ein Assessment Center dauert meist zwischen zwei und fünf Tagen, in denen eine Projektumgebung simuliert wird. Auf der Basis einer standardisierten Beurteilung werden die Leistung und das Verhalten der Kandidaten von mehreren Assessoren beurteilt, die einerseits selbst Feedback geben, und auch Feedback der Kandidaten zur Personalauswahl aufnehmen. Die Zuverlässigkeit des Assessment Centers für die Personalauswahl hängt sehr stark von der Involvierung erfahrener Führungskräfte des projektorientierten Unternehmens ab. Aufgrund der Ressourcen-Intensität dieser Auswahlmethode werden Assessment Centers häufig nur für höherrangige Positionen im Projektmanagement angewandt. Darstellung 26 gibt einen Überblick über Methoden und Projektmanagementbezogene Aufgaben, die im Rahmen eines Assessment Centers häufig zur Beurteilung der Kandidaten angewandt werden.

---

[142] vgl. Huemann, M./Turner, R./Keegan, A. (Managing HR), S. 12-14, 24

Methode	Beispiele für Projektmanagement-bezogene Aufgaben
Präsentation	Situationen bei Projektstart, Projektcontrolling, Projektende
Einzelgespräch	Projektcontrolling, Feedback
Gruppendiskussion	Beinahe alle Projektmanagement-Inhalte
Rollenspiel	Beinahe alle Projektmanagement-Situationen, wie zum Beispiel Besprechung eines Projektmanagers und Projekt-Owners in einer Krisensituation
Analyse	Interpretation eines Projektportfolio-Berichtes oder Ergebnis eines Projektmanagement Audits, Planung eines Workshops zum Projektstart

Darstellung 26: Methoden und Projektmanagement-bezogene Aufgaben im Assessment Center

Quelle: vgl. Huemann, M./Turner, R./Keegan, A. (Managing HR), S. 14

Netzwerke

Netzwerke stellen für Unternehmen insofern eine attraktive Methode zur Rekrutierung dar, als dass diese die Flexibilität des Unternehmens erhöhen und bei Bedarf auf Spezialisten zugegriffen werden kann.[143] Vorteile für das projektorientierte Unternehmen sind außerdem:

- Breite Auswahlmöglichkeit an qualifizierten und kompetenten Arbeitskräften,

- Neue Impulse von neuen Mitarbeitern,

- Kaum Vorurteile im Unternehmen gegenüber externen Mitarbeitern,

- Gute Kenntnis der Qualifikation, und

- Rekrutierung vom externen Arbeitsmarkt schafft keinen weiteren Personalbedarf wie die unternehmensinterne Rekrutierung.[144]

Um Mitarbeiter über soziale Netzwerke zu rekrutieren ist es häufig notwendig, Netzwerke in der Branche, mit Kunden, Wettbewerbern, Zulieferern, Universitäten und Verbänden zu pflegen. Häufig ist insbesondere der Kontakt zu Universitäten für projektorientierte Unternehmen sehr attraktiv, da Studenten temporär während der Sommerferien in projektorientierten Unternehmen arbeiten können und danach bereits eine Beurteilung möglich ist, ob diese eine gute Leistung erbringen und zur Unternehmenskultur passen und daher einen permanenten Arbeitsvertrag erhalten.

Daneben konnten Naesgaard und Huemann in einer Fallstudie eines produktionsorientierten Unternehmens folgende Methoden zur Rekrutierung von Projektpersonal identifizieren:

---

[143] vgl. Vogt, G. (Nomaden), S. 110
[144] vgl. Dobrincic, D. (Gesellschaft), S. 86

- Jobinserate in Tageszeitungen, Magazinen und "Jobseiten" im Internet,

- Suche in privaten Netzwerken innerhalb der Projektmanagement Community,

- Sponsoring und Ausstellungsstände bei Projektmanagement-Konferenzen, wie z.b. bei "pma focus" in Wien oder "Projektipaivat" in Espoo,

- Werbung in Projektmanagement-Magazinen,

- Suche über Agenturen auf der Basis eines "no cure – no pay" und "try and hire" Prinzipes, und

- Unternehmensinterne Suche.[145]

6.7 Hilfsmittel für die Rekrutierung von Projektmanagern

Typische Hilfsmittel bei der Rekrutierung von Projektmanagern sind laut Naesgaard und Huemann[146] folgende Dokumente:

- Bedarfsplanung Projektmanager – die Bedarfsplanung bzgl. Projektmanagern ist die Basis für die quantitative Zielvorgabe bei der Rekrutierung und leitet sich üblicherweise von der Gesamtunternehmensplanung ab,

- Kompetenzprofil Projektmanager – auch wenn die gewünschten Kompetenzprofile von Projektmanagern in projektorientierten Unternehmen häufig unterschiedlich sind, so kann sich der Karrierepfad eines Projektmanagers an Projektmanagement-Zertifizierungen orientieren; ein Beispiel dafür sind die IPMA-Zertifizierungen inkl. Anforderungen zur Erlangung der Zertifizierung (siehe Darstellung 27):

---

[145] vgl. Naesgaard, P./Huemann, M. (Recruiting Project Managers), S. 4f
[146] vgl. Naesgaard, P./Huemann, M. (Recruiting Project Managers), S. 2

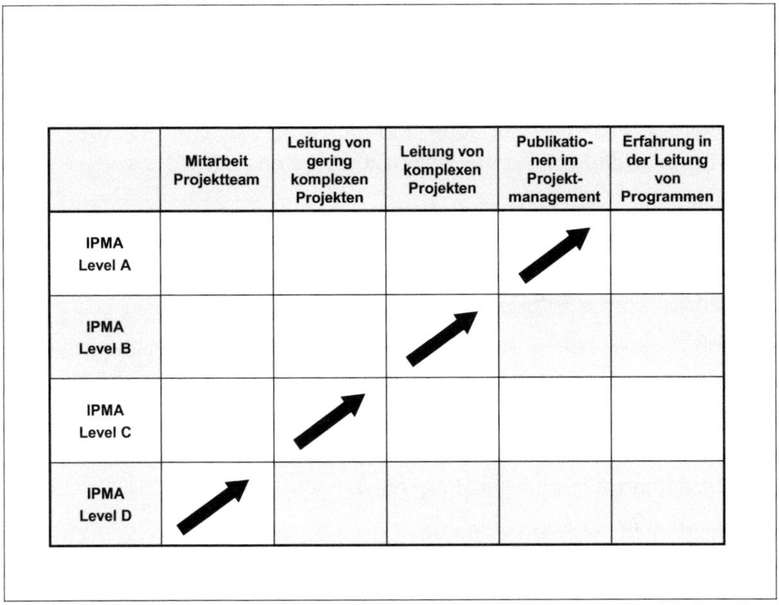

	Mitarbeit Projektteam	Leitung von gering komplexen Projekten	Leitung von komplexen Projekten	Publikationen im Projektmanagement	Erfahrung in der Leitung von Programmen
IPMA Level A				↗	
IPMA Level B			↗		
IPMA Level C		↗			
IPMA Level D	↗				

Darstellung 27: IPMA-Zertifizierungen

Quelle: pma (Zertifizierungsprogramme), S. 5

- Textvorlage für Personalwerbung – da Projektmanager in projektorientierten Unternehmen meist regelmäßig rekrutiert werden, bestehen in der Regel bereits Textvorlagen für die Personalwerbung, die für die zukünftige Rekrutierung von Projektmanagern verwendet werden können und gegebenenfalls auch den Richtlinien zur Corporate Identity/Corporate Design entsprechen,

- Liste: Auswahlmethoden – die Liste an Auswahlmethoden sollte möglichst alle Auswahlmethoden umfassen, die für das Unternehmen infrage kommen können, um daraus in der jeweiligen Situation die am besten geeignete Auswahlmethode auswählen zu können, und

- Vertrag – nachdem Dienstverträge von Projektmanagern rechtliche und für das Unternehmen relevante Dokumente sind lohnt sich eine juristische Überprüfung des Dokumentes; dabei kann eine Vorlage eines Vertrages erstellt werden, die den juristischen Erfordernissen entspricht und mit geringer Anpassung für die Einstellung weiterer Projektmanager verwendet werden kann.

Als Hilfsmittel für die Rekrutierung können im weiteren Sinne auch Projekt-Datenbanken und Personal-Datenbanken dienen:

- Projekt-Datenbanken erlauben bei der Rekrutierung den Überblick über die Projekte und deren Ressourcenbedarf und eventuell auch über erforderliche Kompetenzen zu behalten, und

- Personal-Datenbanken, in denen sowohl unternehmensinterne und -externe Mitarbeiter mit ihren genauen Kompetenzbereichen erfasst sind und somit die Suche nach Mitarbeitern mit spezifischen Kompetenzprofilen erleichtern.

Möllhoff[147] nennt neben den eben erwähnten spezifischen Hilfsmitteln für projektorientierte Unternehmen noch folgende allgemeine Vorlagen für das Personalmanagement, die auch in projektorientierten Unternehmen Anwendung finden können:

- Richtlinien zur Sonn- und Feiertagsarbeit,

- Richtlinien zur Altersvorsorge,

- Richtlinien zur Aus- und Weiterbildung,

- Richtlinien zu Urlaub bzw. Sonderurlaub, und

- Richtlinien zur Nutzung von Telefonen/Mobiltelefonen.

---

[147] vgl. Möllhoff, D. (Personalmanagement)

7 Freistellungsprozess von Projektmanagern in projektorientierten Unternehmen

7.1 Bedeutung des Prozesses Freistellung von Projektmanagern

Wie in Kapitel 6.1 dargestellt, stellen projektorientierte Unternehmen spezifische Erfordernisse an das Personalmanagement. Trotz der Bedeutung von Personal als strategischer Erfolgsfaktor gibt es auch zur Freistellung von Projektmanagern in projektorientierten Unternehmen bislang kaum Forschung[148]. Wie auch die Rekrutierung von Projektmanagern ist die Freistellung von Projektmanagern in projektorientierten Unternehmen einer der Kernprozesse des Personalmanagements, da einerseits lebenslange Beschäftigungsverhältnisse abnehmen[149] und sich die Zusammensetzung des Personals bei jedem Start und Ende eines Projektes ändert. Eine weitere Bedeutung erlangt die Freistellung von Projektmanagern, als dass dadurch unerwünschte Reaktionen im Projektteam hervorgerufen werden, die die Leistung des Teams wesentlich beeinflussen können.[150]

7.2 Anlassfälle für die Freistellung von Projektmanagern

Bei der Freistellung von Projektmanagern lässt sich grundsätzlich die Freistellung von der temporären Projektorganisation (Dispersement) und die Freistellung von der permanenten Linienorganisation unterscheiden (zum Überblick und Zusammenhang der Personalmanagement-Prozesse in projektorientierten Unternehmen siehe Kapitel 6.1). Die Freistellung von der temporären Projektorganisation kommt zum Tragen, wenn ein Projekt beendet wird und das Unternehmen entscheiden muss, was mit dem entsprechenden Projektmitarbeiter nach Projektende geschieht.

Darstellung 28 zeigt Varianten für das projektorientierte Unternehmen bei der Freistellung von Projektmanagern:

---

[148] vgl. Huemann, M./Keegan, A.E./Turner, J.R. (HRM – a review), S. 321
[149] vgl. Huemann, M./Turner, R./Keegan, A. (Managing HR), S. 1062
[150] vgl. Eskerod, P./Blichfeldt B.S. (entrees and withdrawals), S. 502

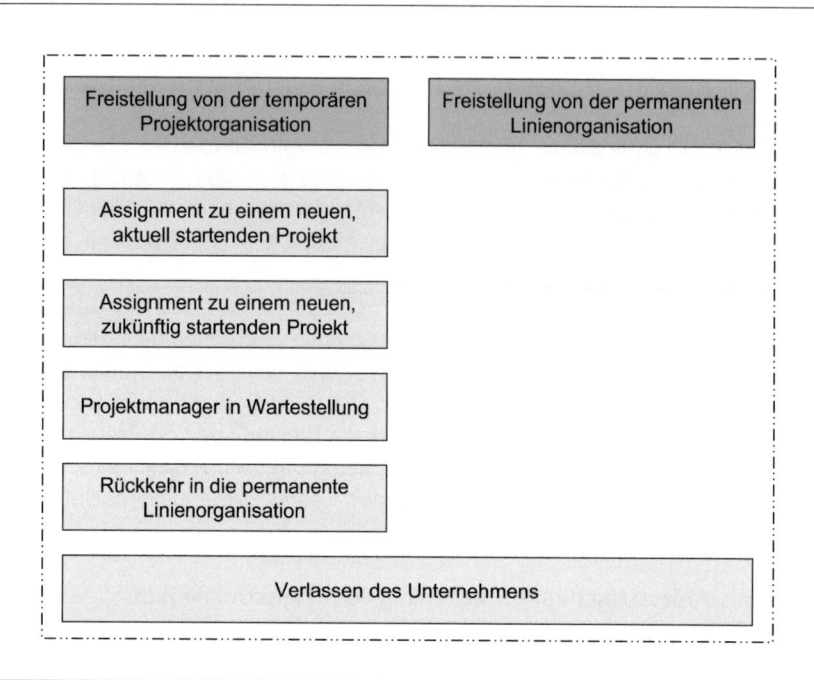

Darstellung 28: Varianten zur Freistellung von Projektmanagern

Quelle: vgl. Huemann, M./Turner, R. (Aligning HRM), S. 20f

- Unmittelbares Assignment zu einem neuen Projekt, wenn unmittelbar nach dem Ende des abgeschlossenen Projektes ein neues Projekt beginnt, für welches ein Projektmanager gesucht wird und wofür der freigewordene Projektmanager die erforderlichen Fähigkeiten besitzt;

- Assignment zu einem Projekt, das in absehbarer Zukunft startet und bei dem die spezifischen Fähigkeiten des jeweiligen Projektmanagers so eingesetzt werden können, dass sie für das projektorientierte Unternehmen am meisten Wert schaffen, wobei bei dieser Variante zu bedenken ist, dass für den Projektmanager zwischen Projektende des abgeschlossenen Projektes und Projektstart des neuen Projektes eine sinnvolle Zwischenbeschäftigung gefunden werden muss, um eine Demotivation bzw. den Austritt des Projektmanagers aus dem Unternehmen zu vermeiden;

- Der Projektmanager wird in einer Wartestellung gehalten, wenn zu diesem Zeitpunkt kein Projekt vorhanden ist, dem er zugeteilt werden kann, wobei in diesem Fall das Finden einer sinnvollen Zwischenbeschäftigung für den Projektmanager noch bedeutsamer ist als wenn der Projektmanager einem in absehbarer Zukunft startenden Projekt zugeteilt wird, da die Dauer der Zwischenbeschäftigung anfänglich noch nicht absehbar und die Gefahr der Demotivation bzw. des Austrittes aus dem Unternehmen noch höher ist;

- Rückkehr in die permanente Linienorganisation, sofern dort eine sinnvolle Beschäftigung des Projektmanagers möglich ist und diese Variante für den Projektmanager grundsätzlich infrage kommt; oder

- Verlassen des Unternehmens auf Wunsch des Projektmanagers oder des projektorientierten Unternehmens, wenn eine weiterführende Zusammenarbeit in der Zukunft nicht mehr sinnvoll erscheint; diese Alternative der Freistellung besteht sowohl von der temporären Projektorganisation, als auch von der permanenten Linienorganisation.[151]

Dabei ist zu beachten, dass die Freistellung von der temporären Projektorganisation (Dispersement) nicht in allen projektorientierten Unternehmen Relevanz besitzt, sondern von der Anzahl und Größe der gleichzeitig durchgeführten Projekte abhängig ist. Die Freistellung von der temporären Projektorganisation ist für projektorientierte Unternehmen dann ein Thema, wenn Projektpersonal wie zum Beispiel ein Projektmanager meist nur an einem Projekt gleichzeitig arbeitet und dieses eine Laufzeit von wenigen Monaten hat. Führt ein Unternehmen in erster Linie kleine Projekte oder Projekte mit einer Laufzeit von mehreren Jahren durch, kommen die Optionen zur Freistellung nur selten zur Anwendung:

- Werden vorwiegend kleine Projekte durchgeführt, arbeitet das Projektpersonal meist an mehreren Projekten gleichzeitig, wodurch dessen Arbeitsauslastung durch einen kontinuierlichen Strom an Projekten sichergestellt ist, da ältere Projekte enden und neue Projekte kontinuierlich starten;

- Werden vorwiegend Projekte mit einer Laufzeit von mehreren Jahren durchgeführt, erfolgt die Rekrutierung von Mitarbeitern für das Projekt in einem jährlichen Planungszyklus, in dem auch deren Freistellung geregelt wird.[152]

---

[151] vgl. Huemann, M./Turner, R. (Aligning HRM), S. 2of
[152] vgl. Keegan, A./Turner, R./Huemann, M. (HR in the POC), S. 666

Eine spezifische Fragestellung für das projektorientierte Unternehmen entsteht bei der Freistellung von Projektmanagern, die ursprünglich nur für ein spezifisches Projekt eingestellt wurden und nicht zum Kreis der Kernmitarbeiter des Unternehmens zählen. Da die Rekrutierung von qualifiziertem Personal Ressourcen-intensiv und kostenintensiv ist, wird man bei zufriedenstellender Leistung des Projektmanagers nach Möglichkeit versuchen den Projektmanager an das Unternehmen zu binden bzw. mit ihm in engem Kontakt zu verbleiben, um bei Bedarf wieder auf ihn zurückgreifen zu können.

7.3 Spezifische Herausforderungen bei der Freistellung von Projektmanagern

Die größte Herausforderung bei der Freistellung von Projektmanagern besteht in projektorientierten Unternehmen darin, dem Verlust von individuellem Wissen der Projektmanager für das Unternehmen vorzubeugen. Gemäß dem systemischen Projektmanagement-Ansatz, der dieser Arbeit zu Grunde liegt, sind Projekte ihrer Definition nach temporäre Organisationen mit einem definierten Endpunkt, wodurch die Gefahr des Wissensverlustes für das Unternehmen besonders hoch ist. Während das Wissen von permanenten Mitarbeitern zumindest in den jeweiligen Köpfen gespeichert bleibt, geht das Wissen von temporären Mitarbeitern für das Unternehmen verloren, wenn diese das Unternehmen nach Projektende verlassen. Auch wenn projektorientierte Unternehmen diese Herausforderung noch nicht vollständig gelöst haben, so haben diese zumindest Praktiken des Wissensmanagements im Unternehmen implementiert, um der Gefahr des Wissensverlustes so weit wie möglich vorzubeugen. Zusätzlich versuchen Unternehmen im Falle von temporären Mitarbeitern, mit diesen nach Ende des Projektes in Kontakt zu bleiben bzw. auf diese regelmäßig bei der Rekrutierung zurückzugreifen.[153]

Eskerod und Blichfeldt sehen bei Änderung der Personalkonfiguration während des Projektes eine Herausforderung darin, dass aufgrund der typischerweise sehr hohen Arbeitsbelastung und des hohen Zeitdruckes in Projekten oft keine Überlappungsphase zwischen dem Ausscheiden eines alten Mitarbeiters und dem Eintreten eines neuen Mitarbeiters während der Projektlaufzeit besteht.[154] Dies führt dazu, dass implizites Wissen des ausscheidenden Projektmanagers sowohl für das Projekt als auch für das Unternehmen verloren geht. Auch wenn ein bedeutsamer Teil des Wissens in Projekt-Artefakten nach dem Ausscheiden des alten Projekt-

---

[153] vgl. Huemann, M./Turner, R. (Aligning HRM), S. 22
[154] vgl. Eskerod, P./Blichfeldt B.S. (entrees and withdrawals), S. 499

managers bestehen bleibt, so gibt es immer auch relevantes Wissen, das nicht in Artefakten festgehalten ist und sich der neue Projektmanager erst selbst erarbeiten muss. Insofern sollte nach der Freistellung eines Projektmanagers während der Projektlaufzeit stets sichergestellt sein, dass eine direkte interpersonelle Kommunikation zwischen dem ausscheidenden und dem eintretenden Projektmanager sichergestellt ist, um einen bestmöglichen Wissenstransfer zu gewährleisten.

Wird Projektpersonal während der Laufzeit eines Projektes freigestellt, so kann dies in Abhängigkeit vom Grund der Freistellung starke Auswirkungen auf die Leistung des verbleibenden Teams haben. Im Normalfall wird die Freistellung bereits im Vorfeld sorgfältig geplant und eine Kommunikationsstrategie für das Projektteam festgelegt. Gelegentlich kann es jedoch auch vorkommen, dass ein Mitarbeiter das Projekt sehr kurzfristig verlässt. Läuft dieser Prozess nicht geregelt ab, wendet das Projektteam häufig viel Zeit und Energie mit Spekulationen auf, was die Ursache für die Freistellung des ausscheidenden Mitarbeiters war, warum das Management die Angelegenheit so vertraulich behandelt hat und wie man dieser Situation hätte besser begegnen können, um die Auswirkungen auf das Projekt möglichst gering zu halten.[155]

Im Zusammenhang mit der hohen Zeit- und Arbeitsbelastung in Projekten haben Söderlund und Bredin in einer Fallstudie des skandinavischen Automobilherstellers Volvo herausgefunden, dass die Kompetenzentwicklung im Rahmen von Projekten eine große Herausforderung für das Unternehmen geworden ist. Diese Herausforderung liegt darin begründet, dass die zeitliche Planung von Projekten nicht immer eingehalten werden kann und sich dadurch ein schwieriger Zeitplan für die Mitarbeiter ergibt; manchmal starten sogar neue Projekte, bevor die vorhergehenden beendet sind. Dies führt letzten Endes dazu, dass Mitarbeiter in den seltensten Fällen Zeit zwischen zwei Projekten haben, in der sie das Projekt reflektieren können.

7.4 Ziele und Organisation der Freistellung von Projektmanagern

Ziele bei der Freistellung von Projektmanagern in projektorientierten Unternehmen sind:[156]

- Organisationales Lernen bzw. Wissenssicherung wenn temporäre Mitarbeiter das Unternehmen am Ende des Projektes verlassen: Mit den Kernmitarbeitern des Projektes sollte nach Beendigung des Pro-

---

[155] vgl. Eskerod, P./Blichfeldt B.S. (entrees and withdrawals), S. 500
[156] vgl. Keegan, A./Turner, R./Huemann, M. (HR in the POC), S. 663f

jektes eine Nachbesprechung stattfinden, um deren Erfahrungen zugänglich zu machen und diese über ihre Zukunft zu beraten, und mit den temporären Mitarbeitern im Projekt sollte ebenso eine Nachbesprechung geführt und bei Bedarf die Basis für eine weiterführende Zusammenarbeit gelegt werden;[157]

- Individueller Rückblick und Feedback: Diese Methode ist in projektorientierten Unternehmen bislang noch nicht weit verbreitet, obwohl Projektmanager oft einen Mangel an Feedback von Projekt-Owner und Projektteammitgliedern verspüren; als Beispiel für ein Unternehmen das Feedback anwendet kann Philips genannt werden, welches die spezielle Form eines 360°-Feedbacks verwendet, bei dem zuerst der Projektmanager eine Selbstbeurteilung auf Basis eines Fragebogens erstellt und Umwelten wie Projekt-Owner, Projektteammitglieder, Lieferanten und Kunden dem Projektmanager auf Basis desselben Fragebogens Feedback gegeben;[158] und

- Aufrechterhaltung des Kontaktes mit temporären Mitarbeitern: Wenn temporäre Mitarbeiter während des Projektes eine gute Leistung gezeigt haben, so können diese bei Bedarf im projektorientierten Unternehmen weiterbeschäftigt werden, bzw. zunächst weiter an das Unternehmen gebunden werden, indem diese zu Trainings eingeladen werden, an sozialen Aktivitäten des Unternehmens teilnehmen und gegebenenfalls Mitglied eines fixen Netzwerkes des projektorientierten Unternehmens werden.[159]

In Bezug auf die Organisation der Freistellung von Projektmanagern gibt es in der Literatur bislang noch keine ausführlichen Untersuchungen. Während in manchen projektorientierten Unternehmen Mitarbeiter bei Herannahen des Projektendes auf sich alleine gestellt sind und das Unternehmen davon ausgeht, dass Mitarbeiter die weitere Entwicklung im Unternehmen selbst in die Hand nehmen, bieten einige projektorientierte Unternehmen auch Unterstützung durch die Personalabteilung, die dem jeweiligen Mitarbeiter im Projekt beratend zur Verfügung steht. Die konkrete Ausgestaltung der Organisation bei der Freistellung von Projektmanagern dürfte dabei auch von der jeweils gewählten Variante der Freistellung abhängen. Es ist jedoch davon auszugehen, dass der PM Expert Pool Manager "Projektmanager" wie auch bei der Rekrutierung die Prozessschritte durchführt.

---

[157] vgl. Huemann, M./Keegan, A.E./Turner, J.R. (HRM – a review), S. 321
[158] vgl. Huemann, M./Turner, R./Keegan, A. (Managing HR), S. 1076
[159] vgl. Huemann, M./Keegan, A.E./Turner, J.R. (HRM – a review), S. 321

7.5 Beschreibung des Prozesses Freistellung von Projektmanagern

Auf Basis der Literatur zum Thema Freistellung von Projektmanagern kann die nachfolgende Prozessbeschreibung entworfen werden (siehe Darstellung 29).

Verantwortlichkeiten Prozessschritte	PM Expert Pool Manager "Projektmanager"	PM Office	Projektmanager	Personalabteilung	Hilfsmittel
1) Planung der Freistellung von Projektmanagern	P	C		C	1
2) Auswahl der anzuwendenden Freistellungsvariante	P	C	I		2
3) Durchführung der Freistellung und unterstützender Methoden	P	C	C	C	3
4) Review und Feedback	P	I	C	I	4
5) Kontrolle der durchgeführten Freistellung	P	I		I	

Legende				
P	Performance	1	Planung der durchzuführenden Projekte
C	Contribution	2	Liste: Varianten der Freistellung von Projektma-nagern
I	Information		
		3	Vertragsentwürfe, Gesprächsleitfaden für Exit-Interviews, etc.
		4	Vorlage für Feedbackformular

Darstellung 29: Prozessbeschreibung Freistellung von Projektmanagern

Planung der Freistellung von Projektmanagern

In einem ersten Schritt wird die Anzahl der erforderlichen Freistellungen von Projektmanagern geplant. Diese Planung basiert auf der Planung von Projekten im Unternehmen, da sich daraus der Bedarf an Projektmana-gern für zukünftig zu startende Projekte ergibt. Werden in Zukunft weni-ger Projektmanager im Unternehmen gebraucht als vorhanden sind, so muss ein Teil davon freigestellt werden.

Auswahl der anzuwendenden Freistellungsvariante

Auf Basis der geplanten Freistellung von Projektmanagern muss das projektorientierte Unternehmen entscheiden, welche Variante der Freistellung für welchen Projektmanager angewandt wird. Dies erfolgt idealer Weise in enger Abstimmung mit den betroffenen Projektmanagern. Dabei sind nicht nur zeitliche Aspekte zu berücksichtigen, wann neue Projekte starten, bei denen ein freigestellter Projektmanager wieder eingesetzt werden kann, sondern auch die spezifischen Entwicklungsbedürfnisse von Projektmanagern. Im Zweifelsfalle ist es sowohl für das projektorientierte Unternehmen als auch für den Projektmanager vorteilhafter, wenn dieser entsprechend seiner Qualifikationen und Entwicklungsbedürfnisse eingesetzt wird, auch wenn sich dadurch eine Zeitspanne zwischen zwei Projekten ergibt, in der der Projektmanager nicht aktiv an einem Projekt arbeitet.

Durchführung der Freistellung und unterstützender Methoden

Wurde die anzuwendende Variante der Freistellung unter Miteinbeziehung des betroffenen Projektmanagers ausgewählt, so kann die Durchführung der Freistellung erfolgen. Dabei kommen auch unterstützende Methoden zum Einsatz. Diese umfassen beispielsweise die Nachbesprechung von Erfahrungen und Erkenntnissen aus durchgeführten Projekten und die Beratung der Projektmanager bezüglich deren Zukunft im Unternehmen. Ein wichtiger Aspekt ist dabei die Sicherung des Wissens für das projektorientierte Unternehmen, wenn ein Mitarbeiter das Unternehmen verlässt.

Review und Feedback

Nach Durchführung der Freistellung erfolgt ein Review der individuellen Leistungen des Mitarbeiters und ein Feedback-Gespräch, das idealer Weise bidirektional stattfindet und der Projektmanager somit auch den relevanten Umwelten Feedback gibt.

Kontrolle der durchgeführten Freistellung

Abschließend sollte eine Kontrolle der durchgeführten Freistellung erfolgen. Dabei sollten nicht nur quantitative, sondern auch qualitative Ziele erreicht werden. So können freigestellte Projektmanager beispielsweise im Nachhinein befragt werden, wie sie den Prozess der Freistellung erlebt und wahrgenommen haben, ob Sie damit zufrieden sind und welche Verbesserungspotentiale für die Zukunft vorhanden sind.

7.6 Methoden für die Freistellung von Projektmanagern

Für die Freistellung von Projektmanagern stehen folgende Methoden zur Verfügung[160]:

- Nachbesprechung der Erfahrungen und Dokumentation neuer Erkenntnisse aus dem Projekt: Die Nachbesprechung des Projektes und die Dokumentation von neuen Erkenntnissen aus dem durchgeführten Projekt ist umso wichtiger, wenn der Projektmanager nur für die Durchführung eines Projektes rekrutiert wurde und somit ein temporärer Mitarbeiter ist, der nach Projektende das Unternehmen verlässt. Neben typischen Projekt-Artefakten sollten die wesentlichen Lernergebnisse gesondert im Sinne von "key learnings" oder "best practice" festgehalten werden. Um die Dokumentation zu Projektende sicherzustellen, sollten auch spezifische Anreize dafür geschaffen werden, da ansonsten die Gefahr besteht, dass die Dokumentation den dringlichen Erfordernissen des operativen Alltags zum Opfer fällt.

- Feedback: Das Feedback zwischen Projektmanager und den relevanten Umwelten sollte keine Einwegkommunikation sein, sondern in beide Richtungen aktiv betrieben werden. Das Feedback gibt sowohl dem Projektmanager als auch den relevanten Umwelten die Gelegenheit, die Selbsteinschätzung entsprechend zu korrigieren und für die Zukunft zu lernen.

- Reflexion: Bei Ende eines Projektes sollte dem Projektpersonal Zeit eingeräumt werden, um die Erfahrungen aus dem Projekt zu reflektieren, und die daraus gewonnenen Erkenntnisse in der Zukunft gewinnbringend für das projektorientierte Unternehmen einsetzen zu können.

- Beratung bezüglich der Zukunft im Unternehmen: Bei Projektende entsteht beim Projektpersonal in der Regel eine gewisse Unruhe, da die eigene Zukunft oft noch nicht ausreichend geklärt ist. Damit das Ausscheiden von Projektpersonal vom Unternehmen bei Projektende so weit wie möglich verhindert wird, ist es wichtig, entsprechende Praktiken im projektorientierten Unternehmen zu etablieren, um die Unsicherheit des Projektpersonals zu reduzieren und sowohl für das individuelle als auch organisationale Wohlbefinden zu sorgen.

---

[160] vgl. Huemann, M./Turner, R./Keegan, A. (Managing HR), S. 1084; Keegan, A./Turner, R./Huemann, M. (HR in the POC), S. 656f

- Maßnahmen, um mit temporären Mitarbeitern in Kontakt zu bleiben: Je mehr temporäre Mitarbeiter im projektorientierten Unternehmen beschäftigt werden, umso wichtiger sind diese Maßnahmen – "as more staff become ex-staff, more companies want to use such techniques to keep a link with the intellectual capital they are having to disperse."[161] Zu diesen Maßnahmen zählen Trainings, soziale Aktivitäten des projektorientierten Unternehmens und gegebenenfalls institutionalisierte Netzwerke, um mit jenen Mitarbeitern in Kontakt zu bleiben, die nach Projektende das Unternehmen verlassen und mit denen seitens des projektorientierten Unternehmens eine weiterführende Zusammenarbeit in der Zukunft gewünscht ist.

7.7 Hilfsmittel für die Freistellung von Projektmanagern

Für die Freistellung von Projektmanagern können folgende Hilfsmittel verwendet werden:

- Projektdatenbank: Um bei Projektende einen Überblick über sämtliche Projekt zu haben die in absehbarer Zukunft starten, ist die Einrichtung einer Projektdatenbank für das projektorientierte Unternehmen zweckmäßig. Damit wird die Zuteilung von Projektpersonal vereinfacht, und es kann bei der Ressourcenallokation auf die spezifischen Bedürfnisse einzelner Mitarbeiter besser eingegangen werden.

- Personaldatenbank: Mithilfe einer Personaldatenbank können die Kompetenzen von Mitarbeitern systematisch aufgezeichnet und notwendige Entwicklungsschritte identifiziert werden, die sich nach Möglichkeit in der Zuteilung von Mitarbeitern zu spezifischen Projekten niederschlagen. Darüber hinaus kann diese Datenbank auch mit Erinnerungen verknüpft werden, die dem projektorientierten Unternehmen erlauben, rechtzeitig vor Projektende an den entsprechenden Mitarbeiter heranzutreten und mit ihm gemeinsam über die Zukunft im Unternehmen zu sprechen.

- Gesprächsleitfaden für Exit-Interviews: In manchen projektorientierten Unternehmen werden zu Projektende formale Exit-Interviews im Rahmen von Maßnahmen zur Sicherung des Wissenstransfers durchgeführt.

---

[161] N.N. (Touch), S. 60

- Vorlagen für Feedbackformular: Vorlagen für Feedback erleichtern es den Teilnehmern, ihr Feedback möglichst strukturiert und vollständig zu übermitteln.

- Aufhebungsvertrag: Als allgemeine Dokumentenvorlage können ebenso ein Aufhebungsvertrag und analoge rechtliche Dokumente als Hilfsmittel für die Freistellung von Projektmanagern dienen.

8 Reflexion in der Praxis

8.1 Ziele

Die globale Zielsetzung der Reflexion in der Praxis mittels Interviews besteht darin, die gewonnenen Erkenntnisse aus der Literatur zum Thema Rekrutierung und Freistellung von Projektmanagern in projektorientierten Unternehmen mit einer Praxisperspektive anzureichern. Der Inhalt der Interviews orientiert sich dabei an den grundlegenden Thesen dieser Arbeit:

- Anlassfälle für die Rekrutierung/Freistellung von Projektmanagern,
- Spezifische Herausforderungen bei der Rekrutierung/Freistellung von Projektmanagern,
- Ziele und Organisation der Rekrutierung/Freistellung von Projektmanagern,
- Beschreibung des Prozesses: Rekrutierung/Freistellung von Projektmanagern,
- Methoden für die Rekrutierung/Freistellung von Projektmanagern, und
- Hilfsmittel für die Rekrutierung/Freistellung von Projektmanagern.

8.2 Interviewpartner

Zum Thema Rekrutierung und Freistellung von Projektmanagern in projektorientierten Unternehmen wurden vorwiegend Interviews mit Projektmanagern, Freelance Projektmanagern und Human Resources Managern geführt. Dabei wurde wie ursprünglich geplant versucht, Interviewtermine insbesondere mit Mitarbeitern großer Unternehmen zu vereinbaren. Die Vereinbarung von Interviewterminen gestaltete sich jedoch schwieriger als angenommen, da die Rekrutierung neuer Mitarbeiter in vielen Unternehmen zum Zeitpunkt der Kontaktaufnahme auf Hochtouren lief und es generell bei einer niedrigen Arbeitslosenrate schwierig ist, entsprechend qualifiziertes Personal für ein Unternehmen zu gewinnen und die Ressourcen im Bereich Personal und Projektmanagement daher entsprechend stark ausgelastet sind. Insofern gebührt den Interviewpartnern (siehe Darstellung 30), die sich dennoch zu einem Gespräch bereiterklärt haben, ein großer Dank für die Unterstützung dieser Arbeit.

#	Rolle	Branche(n)	Art der Projekte	# Mitarbeiter (ca.)	# Projekte (ca.)	# Projektmgr (ca.)
1	Human Resources Manager	High Tech, Information	Interne Projekte zur Produktentwicklung; Forschungsprojekte mit Universitäten	80	13	4
2	Human Resources Generalist	Communication & Information	Externe Projekte (öffentlicher Sektor)	600	100	69
3	Procurement Manager & Project Coordinator	Zellstoff & Papier	Interne Projekte (Beschaffung)	35.000 (weltweit)	> 100	n.v.
4	Freelance Projektmanager	Elektronik, Handel	Interne Projekte (IT)	400 (Hauptstandort) 120.000 (weltweit)	n.v.	n.v.
5	Projektmanager	IT - Software	Externe Kundenprojekte (IT Business Infrastructure), interne Projekte zur Technologieentwicklung	3.000	300	50-80
6	Freelance Projektmanager	IT - Software, Energie, Automobil	IT Projekte, Organisationsprojekte	Großunternehmen	bis zu mehr als 1.000 Projekte	n.v.
7	Senior Project Manager & Consultant, Essler Consulting	Schwerindustrie, Transport, Recht, IT, Beratung	Interne und externe Klienten-Projekte	Projektteams mit 15 Personen	n.v.	n.v.
8	Freelance Projektmanager	IT	Internationale Klienten-Projekte (Dauer meist 6-24 Monate)	Projektteams bis 60 Personen	n.v.	n.v.

Darstellung 30: Überblicksdarstellung der Interviewpartner

8.3 Interviewerkenntnisse: Rekrutierung von Projektmanagern in projektorientierten Unternehmen

8.3.1 Anlassfälle für die Rekrutierung von Projektmanagern

Die Anlassfälle für die Rekrutierung von Projektmanagern hängen insbesondere von zwei Faktoren ab:

- Größe des projektorientierten Unternehmens bzw. Anzahl der vorhandenen Projektmanager und durchgeführten Projekte, und

- Tätigkeitsbereich des projektorientierten Unternehmens (Branche des Unternehmens und Art der durchgeführten Projekte).

Gemäß den Erkenntnissen aus den Interviews rekrutieren kleinere Unternehmen verhältnismäßig häufiger Freelance Projektmanager, die lediglich für ein spezifisches Projekt eingesetzt werden und im Anschluss an dieses Projekt das Unternehmen wieder verlassen. Diese Projekte sind in der Regel nicht von strategischer Bedeutung für das Unternehmen, da das Risiko für Unternehmen beim Einsatz von Freelance Projektmanagern deutlich höher ist, als wenn eigene Mitarbeiter das Projekt leiten. Dies ergibt sich aus den folgenden Punkten (siehe Darstellung 31):

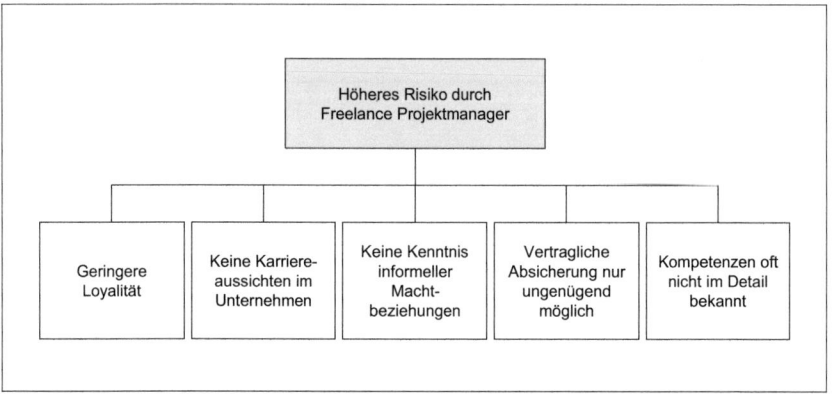

Darstellung 31: Risiken bei Einsatz von Freelance Projektmanagern

- Unternehmensinterne Projektmanager weisen generell eine höhere Loyalität zum Unternehmen auf,

- Unternehmensinterne Projektmanager verfolgen in der Regel eine Karriere in projektorientierten Unternehmen, und setzen sich demnach mit voller Kraft für den Erfolg eines Projektes ein; Freelance Projektmanager setzen sich in der Regel zwar ebenso für den Erfolg eines Projektes ein um die Möglichkeit von Folgeaufträgen offen zu halten und eine positive Reputation zu schaffen, jedoch sind die Auswirkungen auf die Karriere bei Misslingen eines Projektes geringer, da Freelance Projektmanager für mehrere Unternehmen arbeiten und somit mehrere Standbeine haben,

- Freelance Projektmanager laufen in Gefahr, sich in informellen, undurchsichtigen Machtbeziehungen zu verstricken, müssen Beziehungen zu Mitarbeitern erst langsam aufbauen und besitzen somit a priori keinen Rückhalt im Unternehmen,

- Selbst wenn detaillierte vertragliche Vorkehrungen getroffen werden können bzw. könnten, werden Freelance Projektmanager nicht für Projekte eingesetzt, die in einem sicherheitskritischen Umfeld durchgeführt werden oder die sich mit der Entwicklung proprietärer Technologien für zukünftige Produkte beschäftigen, und

- Häufig liegen auch keine detaillierten Aufzeichnungen über Kompetenzprofile und Leistungen externer Mitarbeiter im Unternehmen auf, so dass man über die Kompetenzen und Leistungen unternehmensinterner Mitarbeiter deutlich besser informiert ist als über Freelance Projektmanager.

Trotz der höheren Komplexität bei vielen gleichzeitig durchgeführten Projekten ist die Rekrutierung von Projektmanagern in größeren Unternehmen deutlich langfristiger angelegt als in kleinen Unternehmen. So rekrutieren kleinere Unternehmen Projektmanager häufig aufgrund kurzfristig initiierter Projekte und fehlender spezifischer Kompetenzen, wobei diese Projektmanager oft nur für ein spezifisches Projekt, gelegentlich aber auch für das Unternehmen selbst rekrutiert werden. Bei großen Unternehmen ist hingegen generell festzustellen, dass diese stark auf die interne Entwicklung von Projektmanagern setzen, wobei für diese Weiterentwicklung der Mitarbeiter einerseits formalisierte Programme bestehen, sich diese Entwicklung andererseits aber oft auch durch die häufige Mitarbeit an Projekten in Projektteams und zunehmender Erfahrung durch längere Betriebszugehörigkeit ergibt. Durch diese Weiterentwicklung von Mitarbeitern im Unternehmen kann meist schon ein Großteil des mittel- bis langfristigen Bedarfes an Projektmanagern für das projektorientierte Unternehmen gedeckt werden. Auch wenn sich im Rahmen der Interviews herausgestellt hat, dass ein Großteil der durchgeführten Projekte in großen Unternehmen mittel- bis langfristig geplant werden kann, so ergeben sich auch dort gelegentlich kurzfristig neue Projekte. Um den Bedarf an zusätzlichen Projektmanagern für diese neuen Projekte zu decken, wird einerseits auf Mitglieder des PM Expert Pools bzw. auf Mitarbeiter in der Linie zurückgegriffen, die die Position eines Projektmanagers einnehmen können, oder andererseits auf einen Pool externer Mitarbeiter zugegriffen, der beispielsweise aus Freelance Projektmanagern und freien Dienstnehmern bestehen kann.

Es bestehen zahlreiche konkrete Anlassfälle für die Rekrutierung von Projektmanagern in projektorientierten Unternehmen (siehe Darstellung 32):

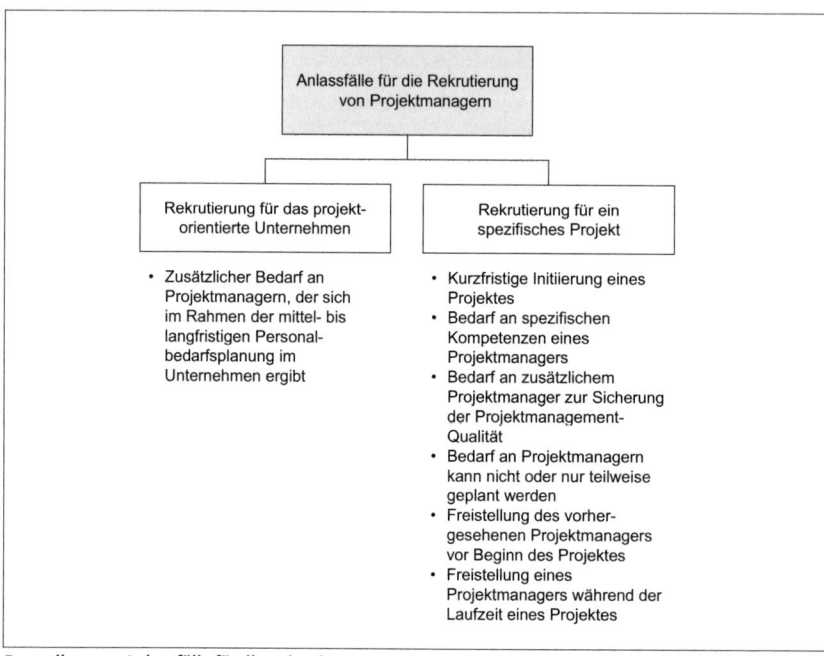

Darstellung 32: Anlassfälle für die Rekrutierung von Projektmanagern in projektorientierten Unternehmen

- Rekrutierung für das projektorientierte Unternehmen: Zusätzlicher Bedarf an Projektmanagern, der sich im Rahmen der mittel- bis langfristigen Personalbedarfsplanung im Unternehmen ergibt;

- Rekrutierung für ein spezifisches Projekt:

  o Kurzfristige Initiierung eines Projektes (zum Beispiel durch kurzfristige Marktanforderungen, Gesetzesanforderungen, Ausschreibungen bei denen es unklar ist ob das Unternehmen den Zuschlag erhält),

  o Bedarf an spezifischen Kompetenzen eines Projektmanagers, der sich unter Umständen erst im Laufe eines Projektes ergeben hat und diese Kompetenzen im Unternehmen nicht verfügbar sind,

  o Bedarf an einem zusätzlichen Projektmanager, der dem ursprünglichen Projektmanager zur Sicherung der Projektmanagement-Qualität zur Seite gestellt wird, wenn dieser mit der Steuerung des Projektes überfordert scheint und der Erfolg des Projektes am Spiel steht; dazu ein Projektmanager: "In der Corporate World ist es ja oft so, dass gewisse Mitarbeiter Projektmanager werden, die sich in der Linie nicht sonderlich [...] behauptet haben. Damit die das Gesicht nicht ganz verlieren, wenn ihnen das Projekt auch noch weggenommen wird, stellt man ihnen offiziell halt einen zweiten Projektmanager zur Seite",

o Eine Vielzahl gleichzeitig durchgeführter Projekte im Unternehmen, wobei Anzahl der Projekte und der benötigten Projektmanager stark schwanken und der Bedarf an Projektmanagern mittel- bis langfristig nicht oder nur teilweise geplant werden kann,

o Freistellung des ursprünglich vorhergesehenen Projektmanagers vor Beginn des Projektes, und

o Freistellung eines Projektmanagers während der Laufzeit eines Projektes; dazu ein Freelance Projektmanager: "IT Projekte neigen dazu, sich zeitlich auszudehnen [...] Oft fehlen Kompetenzen in einer späteren Phase, die am Anfang noch gar nicht absehbar waren. Manchmal ist es auch einfach so, dass irgendwann die persönliche Chemie nicht mehr stimmt – von da an hat man als Projektmanager schon verloren, weil die Leute um einen rundherum arbeiten und man keine Infos mehr bekommt." Ein anderer Freelance Projektmanager bestätigt diese Aussage: "Wenn zuviel Druck im Unternehmen [vom Freelance Projektmanager] aufgebaut wird und man zu viel 'Ärger' macht, wird man schnell mal ausgewechselt." Interne Wechsel, wenn ein "Projektmanager bei der Leitung eines Projektes versagt hat" sind immer eine große Herausforderung, damit der Projektmanager das Gesicht innerhalb der Organisation nicht verliert, so ein Projektmanager.

8.3.2 Spezifische Herausforderungen bei der Rekrutierung von Projektmanagern

Die spezifischen Herausforderungen bei der Rekrutierung von Projektmanagern können aus Sicht der Unternehmen und aus Sicht der Freelance Projektmanager betrachtet werden (siehe Darstellung 33).

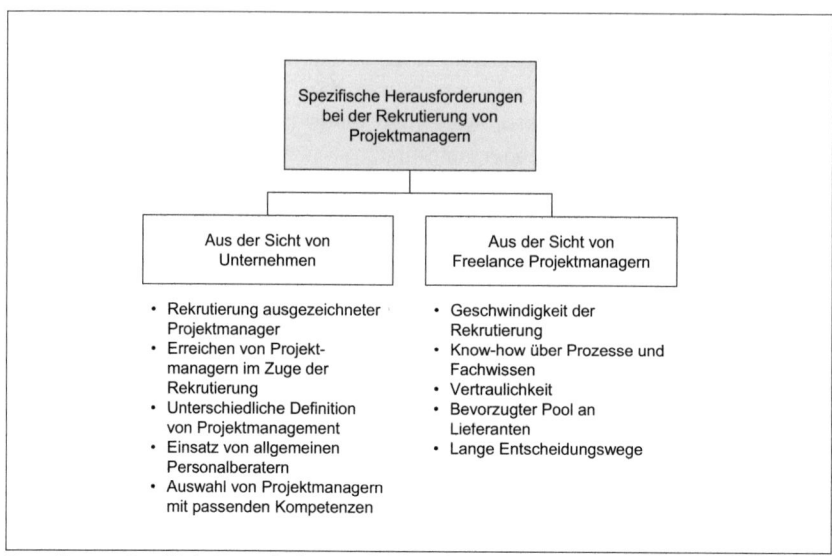

Inside figure:

Spezifische Herausforderungen
bei der Rekrutierung von
Projektmanagern

Aus der Sicht von
Unternehmen

- Rekrutierung ausgezeichneter
  Projektmanager
- Erreichen von Projekt-
  managern im Zuge der
  Rekrutierung
- Unterschiedliche Definition
  von Projektmanagement
- Einsatz von allgemeinen
  Personalberatern
- Auswahl von Projektmanagern
  mit passenden Kompetenzen

Aus der Sicht von
Freelance Projektmanagern

- Geschwindigkeit der
  Rekrutierung
- Know-how über Prozesse und
  Fachwissen
- Vertraulichkeit
- Bevorzugter Pool an
  Lieferanten
- Lange Entscheidungswege

Darstellung 33: Spezifische Herausforderungen bei der Rekrutierung von Projektmanagern

Sowohl große als auch kleinere Unternehmen kämpfen offenbar mit denselben Herausforderungen bei der Rekrutierung von Projektmanagern. Diese Herausforderungen sind:

- Rekrutierung ausgezeichneter Projektmanager: Durch die gute konjunkturelle Entwicklung der letzten Jahre in Österreich ist auch die Arbeitslosenrate deutlich zurückgegangen und es herrscht nahezu Vollbeschäftigung. Innerhalb dieser Rahmenbedingungen ist es für Unternehmen noch schwerer geworden, entsprechend qualifizierte Projektmanager zu rekrutieren, da für ausgeschriebene Positionen auch deutlich weniger Bewerbungen eintreffen;

- Erreichen von Projektmanagern im Zuge der Rekrutierung: Über Standardkanäle wie Inserate in Tageszeitungen sind gute Projektmanager nur mehr sehr schwer und in Ausnahmefällen zu finden;

- Unterschiedliche Definition von Projektmanagement: Zusätzlich ergibt sich bei der Rekrutierung von Projektmanagern noch die Schwierigkeit, dass Projektmanagement in verschiedenen Unternehmen unterschiedlich definiert wird und sich somit zwar mehr Personen für ausgeschriebene Stellen als Projektmanager bewerben, diese jedoch viele der vorausgesetzten Kompetenzen nicht aufweisen;

- Einsatz von allgemeinen Personalberatern: Personalberater gehen oft bei der Rekrutierung von Projektmanagern zu wenig auf die spezifischen Erfordernisse des rekrutierenden Unternehmens ein und liefern somit häufig viele unbrauchbare Ergebnisse;

- Auswahl von Projektmanagern mit passenden Kompetenzen: Viele Kompetenzen, die von Projektmanagern erwartet werden, sind nur schwer überprüfbar und können oft bestenfalls durch Beispiele aus der beruflichen Vergangenheit des Bewerbers belegt werden.

Aus der Sicht von Freelance Projektmanagern ergeben sich folgende Herausforderungen bei der Rekrutierung:

- Geschwindigkeit der Rekrutierung: Da Freelance Projektmanager von Unternehmen häufig kurzfristig eingesetzt werden, ergibt sich auch hier die Problematik, dass gute Projektmanager häufig stark ausgelastet sind und kurzfristig nicht zur Verfügung stehen können;

- Know-how über Prozesse und Fachwissen: Nachdem Freelance Projektmanager nicht vollständig in die Abläufe des Unternehmens integriert sind, ist selbst bei Folgeaufträgen davon auszugehen, dass zuerst eine Phase des gegenseitigen Kennenlernens und des Beziehungsaufbaues zu Projektmitarbeitern und sonstigen relevanten Mitarbeitern im Unternehmen eingeplant werden muss, wobei sich Freelance Projektmanager in dieser Phase häufig auch in sehr kurzer Zeit spezifisches Fachwissen für die Durchführung des Projektes aneignen müssen;

- Vertraulichkeit: Selbst durch rigorose Gestaltung der vertraglichen Beziehung kann kaum sichergestellt werden, dass vertrauliche Projektinhalte nicht weitergegeben werden, da ein entsprechender Nachweis der Weitergabe vertraulicher Inhalte in der Praxis nur sehr schwer zu erbringen ist;

- Bevorzugter Pool an Lieferanten: In vielen großen Unternehmen besteht eine eigene Abteilung für Einkauf, die häufig auch für die Beschaffung von externen Dienstleistungen zuständig ist und einen bevorzugten Pool an Lieferanten hat, in den Freelance Projektmanager oft nur sehr schwer aufgenommen werden; dazu ein Freelance Projektmanager: "Wenn man nicht schon vorher für das Unternehmen gearbeitet hat, ist es mit einer 'one-man-show' fast unmöglich, die Selektion der Einkaufsabteilung zu überleben. Als Freelancer hat man einfach nicht die Zeit, umfangreiche Angebote mit schönen Grafiken zu erstellen [...] Der Aufwand rechnet sich meist einfach nicht, weil am Ende ohnedies wieder andere Anbieter zum Zug kommen, die schon engere Kontakte zum Unternehmen haben";

- Lange Entscheidungswege: Werden Freelance Projektmanager für Projekte rekrutiert die keine hohe Dringlichkeit aufweisen, sind oft lange Entscheidungswege zu durchlaufen, wobei eine Wartezeit von drei Monaten auf die Freigabe eines Budgets für ein Projekt keine Seltenheit ist.

8.3.3 Ziele und Organisation der Rekrutierung von Projektmanagern

In Bezug auf die Ziele der Rekrutierung von Projektmanagern ist festzustellen, dass große Unternehmen verstärkt eine strategische Perspektive einnehmen. Dabei wird versucht, die langfristige strategische Ausrichtung des Unternehmens in die Rekrutierung mit einzubeziehen und proaktiv die benötigten Humanressourcen für das Unternehmen zu beschaffen. Diese Erkenntnis aus den Interviews bestärkt die Annahme, dass Personal in einigen Unternehmen als strategischer Erfolgsfaktor erkannt wurde und die Prozesse des Personalmanagements somit eine hohe Bedeutung für das Unternehmen aufweisen. Im Vergleich dazu nehmen kleinere Unternehmen eine reaktivere Haltung ein und rekrutieren tendenziell kurzfristiger und anlassgetrieben.

Daneben wurden folgende Zielsetzungen in den Interviews genannt:

- Rekrutierung entsprechend qualifizierter Projektmanager, die die erforderlichen Kompetenzen aufweisen,

- Ausreichend rasche Rekrutierung von Projektmanagern, um den zeitlichen Bedürfnissen des jeweiligen Projektes zu entsprechen, für das rekrutiert wird,

- Kostengünstige und effiziente Rekrutierung, und

- Sicherstellung der Kundenorientierung des Unternehmens durch entsprechende Kriterien bei der Rekrutierung von Projektmanagern, die mit Kunden in Kontakt treten.

Hinsichtlich der Organisation der Rekrutierung von Projektmanagern hat sich im Rahmen der Interviews abgezeichnet, dass diese in der Praxis sehr unterschiedlich ausgestaltet ist:

- Freelance Projektmanager, die nur für ein spezifisches Projekt im Unternehmen benötigt werden, werden häufig direkt über die jeweilige Abteilung rekrutiert und auch aus deren Budget finanziert. Je nach Ausgestaltung der Personalabteilung wird diese lediglich über die Rekrutierung eines Freelance Projektmanagers informiert und erhält die entsprechenden vertraglichen Vereinbarungen, oder unterstützt die rekrutierende Abteilung aktiv bei der Suche und Auswahl von Freelance Projektmanagern in Bezug auf Kompetenzprofil, Suchkanäle, Interviewführung, Auswahlmethoden etc. In manchen Unternehmen gibt es dazu eigene Mitarbeiter in der Personalabteilung, die auf die Beschaffung von externen Mitarbeitern spezialisiert sind.

- Auch bei der Rekrutierung von Projektmanagern für das projektorientierte Unternehmen an sich nimmt die konkrete organisatorische Ausgestaltung in der Praxis verschiedene Formen an. Typischerweise liegt der Ausgangspunkt der Rekrutierung auch in der jeweiligen Abteilung der Linienorganisation, die einen Bedarf an zusätzlichen Ressourcen für das Projektmanagement beantragt. In Abhängigkeit der Seniorität des gesuchten Projektmanagers sind in großen projektorientierten Unternehmen verschiedene Management-Ebenen der Linienorganisation für die Bewilligung des Antrages zuständig. Ab diesem Zeitpunkt ist meist die Personalabteilung in enger Abstimmung mit der Abteilung der Linienorganisation für die Rekrutierung eines entsprechenden Projektmanagers verantwortlich. Wird ein neuer Projektmanager von innerhalb der Organisation rekrutiert, kann "die Personalabteilung [...] froh sein, wenn sie überhaupt die Information bekommt, dass sich bei einem Mitarbeiter etwas geändert hat", so die Sichtweise eines Projektmanagers im Bereich IT.

In kleineren Unternehmen hingegen kommt es sowohl vor, dass die Personalabteilung alleine für die Rekrutierung eines neuen Mitarbeiters verantwortlich ist, als auch dass die jeweilige Abteilung der Linienorganisation die Rekrutierung selbstständig durchführt.

8.3.4 Beschreibung des Prozesses: Rekrutierung von Projektmanagern

Während in großen projektorientierten Unternehmen die Personalabteilung entsprechend professionell ausgerichtet ist und für die Rekrutierung definierte Prozesse etabliert hat, sind in kleineren Unternehmen in der Regel keine exakten Prozessabläufe vorhanden bzw. sind auch die Verantwortlichkeiten häufig nicht eindeutig definiert.

Grundsätzlich kann der Prozess in die Abschnitte Rekrutierung von Projektmanagern und Auswahl von Projektmanagern unterteilt werden.

Nachfolgend wird ein beispielhafter Prozessablauf eines großen projekt-orientierten Unternehmens dargestellt (siehe Darstellung 34).

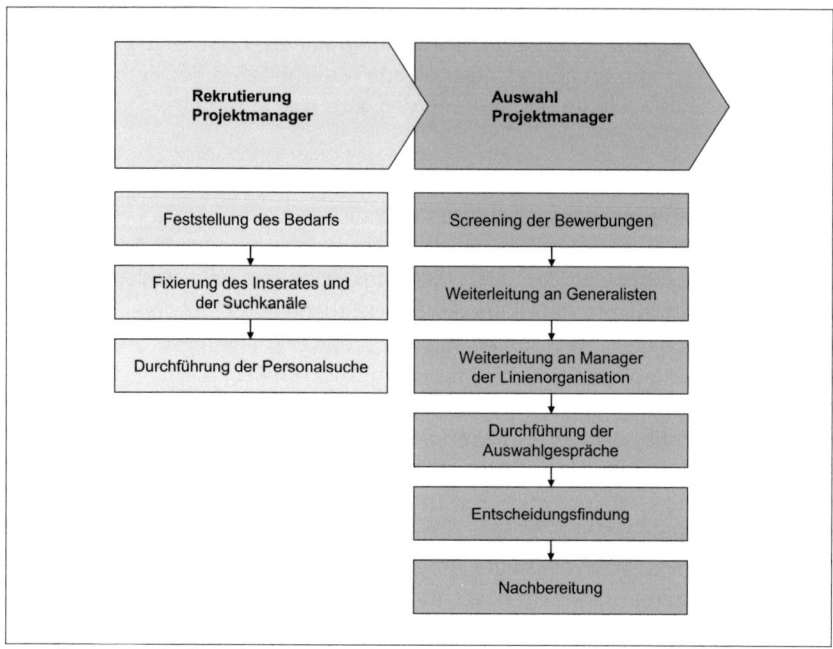

Darstellung 34: Beschreibung des Prozesses: Rekrutierung von Projektmanagern

Rekrutierung Projektmanager

- Feststellung des Bedarfs: Ist ein zusätzlicher Bedarf an Projektma-nagern vorhanden, stellt ein Manager der jeweiligen Abteilung in der Linienorganisation einen Antrag. Da in der Organisation, aus der der beispielhafte Prozessablauf stammt, Projekte in einer Größenord-nung von € 100.000 bis € 30 Mio. durchgeführt werden und der Projektmanager auch die kommerzielle Verantwortung des Pro-jektes trägt, ist das Topmanagement des Unternehmens für die Bewilligung des Antrages für einen zusätzlichen Projektmanager verantwortlich;

- Fixierung des Inserates und der Suchkanäle: In einem nächsten Schritt erstellt die Personalabteilung gemeinsam mit der Abteilung in der Linienorganisation ein Suchinserat für Projektmanager und legt die Suchkanäle fest;

- Durchführung der Personalsuche: Nach Fixierung des Inserates und der Suchkanäle beginnt die Personalabteilung mit der Suche nach geeigneten Mitarbeitern.

Auswahl Projektmanager

- Screening der Bewerbungen: In einem ersten Schritt erfolgt bei der Auswahl von Projektmanagern ein Screening der Bewerbungen. Dabei werden jene Bewerbungen aussortiert, die nicht den definierten Mindestanforderungen genügen und somit im weiteren Auswahlprozess keine Betrachtung mehr erfahren;

- Weiterleitung an Generalisten: Die verbleibenden Bewerbungen werden im Anschluss an den zuständigen Generalisten in der Personalabteilung weitergeleitet, womit bereits eine erste Qualitätssicherung stattfindet;

- Weiterleitung an Manager der Linienorganisation: Die wiederum verbleibenden Bewerbungen leitet der Generalist an den Manager der Linienorganisation weiter, der die Rekrutierung eines zusätzlichen Projektmanagers beantragt hat, über die Einladung des Bewerbers zu einem Gespräch entscheidet und somit eine zweite Stufe der Qualitätssicherung darstellt;

- Durchführung der Auswahlgespräche: Bei der Rekrutierung von Projektmanagern werden immer zwei bis drei Gespräche mit einem Bewerber geführt, bei denen sowohl ein Vertreter aus der Personalabteilung, als auch der Manager der Linienorganisation anwesend sind;

- Entscheidungsfindung: Im Anschluss an die Gespräche mit den Bewerbern wird vom Manager der Linienorganisation und dem Generalisten der Personalabteilung gemeinsam eine Entscheidung über die Einstellung getroffen;

- Nachbereitung: Wird ein Bewerber eingestellt, müssen im Nachgang noch einige administrative und vertragliche Angelegenheiten bearbeitet werden. Werden Bewerber hingegen nicht eingestellt, so erhalten diese ein ausführliches Feedback zu ihrer Bewerbung.

8.3.5 Methoden für die Rekrutierung von Projektmanagern

Trotz der Schwierigkeiten, über traditionelle Kanäle der Rekrutierung qualifizierte Projektmanager für ein Unternehmen zu finden, greifen vor allem kleinere Unternehmen neben der Rekrutierung von Freelance Projektmanagern auf klassische Methoden wie Inserate in Tageszeitungen und Magazinen zurück. Große projektorientierte Unternehmen hingegen nutzen eine ungleich größere Bandbreite an Methoden für die Rekrutierung von Projektmanagern.

Darstellung 35 gibt einen Überblick über die verwendeten Methoden für die Rekrutierung von Projektmanagern.

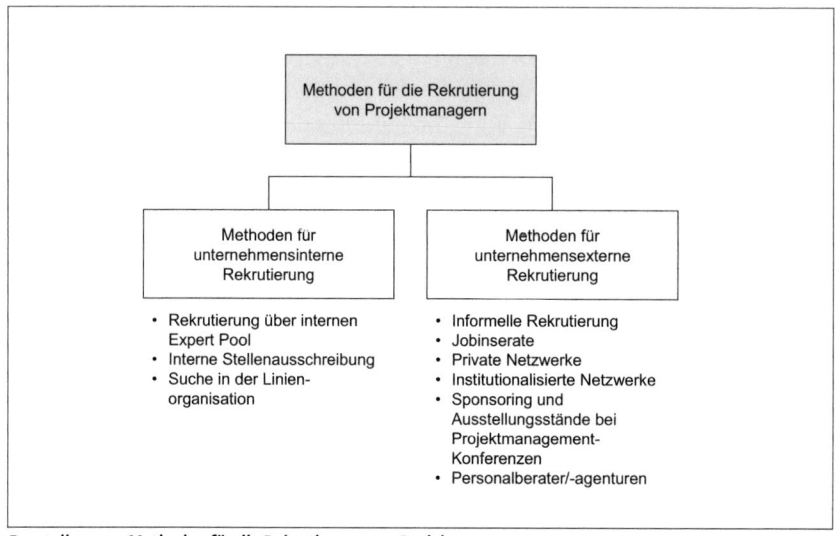

Darstellung 35: Methoden für die Rekrutierung von Projektmanagern

Methoden für unternehmensinterne Rekrutierung

- Rekrutierung über internen Expert Pool,

- Interne Stellenausschreibung, und

- Suche in der Linienorganisation.

Methoden für unternehmensexterne Rekrutierung

- Informelle Rekrutierung von Projektmanagern, die dem Unternehmen aufgrund einer vorhergehenden Zusammenarbeit schon bekannt sind,

- Jobinserate in Tageszeitungen, Magazinen und "Jobseiten" im Internet,

- Private Netzwerke von Mitarbeitern im Unternehmen,

- Institutionalisierte Netzwerke wie z.B. Branchennetzwerke, Verbände, Universitäten, etc.,

- Sponsoring und Ausstellungsstände bei Projektmanagement-Konferenzen, und

- Suche über Personalberater/-agenturen, die einen Schwerpunkt auf das Thema Projektmanager legen.

Aufgrund der Schwierigkeit von großen projektorientierten Unternehmen mit einem hohen Bedarf an Projektmanagern, geeignete Kandidaten zu finden, ist eines der betrachteten Unternehmen bereits dazu übergegangen, das ganze Jahr über durchgehend zu rekrutieren, unabhängig davon ob zu einem bestimmten Zeitpunkt ein Bedarf an zusätzlichen Projektmanagern besteht oder nicht. Dabei wird wider Erwarten kaum Bedeutung auf eine Projektmanagement-Zertifizierung der Bewerber gelegt, sondern es kommt viel mehr auf die spezifischen Erfahrungen des Bewerbers an, wie ein Mitarbeiter der Personalabteilung bestätigt: "Es wird schon darauf [Projektmanagement-Zertifizierung] geachtet, aber es kommt viel mehr auf die persönliche Erfahrung des Bewerbers an." Ein Projektmanager sieht dies ebenso: "Projektmanagement-Zertifizierungen haben bei uns keine besondere Bedeutung [...] weil die meisten Projektmanager zuvor als Projektmitarbeiter vieles implizit gelernt haben, und es mit dem Projekthandbuch der Konzernzentrale schon sehr sehr detaillierte Vorgaben gibt, die einfach umgesetzt werden müssen."

8.3.6 Hilfsmittel für die Rekrutierung von Projektmanagern

Entgegen den Erwartungen werden bei der Rekrutierung von Projektmanagern in der Praxis kaum Hilfsmittel eingesetzt. Hilfsmittel, die explizit im Rahmen der Interviews genannt wurden, sind

- Personaldatenbanken mit Kompetenzprofilen,

- Bewerberbögen mit einer Liste an gewünschten Fähigkeiten, die aber generell sehr offen gestaltet sind, bzw. eine detaillierte Beschreibung der offenen Position mit den entsprechenden Verantwortlichkeiten und benötigten Fähigkeiten,

- Formulare zur Entscheidungsfindung, ob ein Bewerber eingestellt werden sollte oder nicht,

- Interviewleitfaden für Interviewer, und

- Standardisierte Firmenpräsentation.

Dieses Ergebnis könnte einerseits daran liegen, dass nur zwei Interviewtermine mit Vertretern des Personalmanagements in projektorientierten Unternehmen vereinbart werden konnten. Andererseits ist denkbar, dass in großen projektorientierten Unternehmen spezialisierte Mitarbeiter in der Personalabteilung verfügbar sind, die aufgrund ihrer Spezialisierung keine Hilfsmittel benötigen und lediglich die eine oder andere Vorlage für die Rekrutierung verwenden, und dass in kleineren Unternehmen mit wenigen Ressourcen in der Personalabteilung die Kapazitäten zur Erstellung von hilfreichen Hilfsmitteln nicht vorhanden sind.

8.4 Interviewerkenntnisse: Freistellung von Projektmanagern in projektorientierten Unternehmen

Bei der Durchführung der Interviews ist generell aufgefallen, dass einerseits die Praktiken zur Freistellung von Projektmanagern in projektorientierten Unternehmen in der Praxis häufig noch nicht sehr ausgeprägt sind, und andererseits sowohl Vertreter der Personalabteilung als auch Projektmanager nicht gerne über die Freistellung sprechen.

8.4.1 Anlassfälle für die Freistellung von Projektmanagern

Aus Sicht des projektorientierten Unternehmens kann zunächst in die Freistellung vom projektorientierten Unternehmen selbst und in die Freistellung von einem spezifischen Projekt unterschieden werden. Während es bei der Freistellung vom projektorientierten Unternehmen selbst nur die Variante gibt, dass der Projektmanager das Unternehmen verlässt, bestehen bei der Freistellung von einem spezifischen Projekt folgende Möglichkeiten (siehe Darstellung 36):

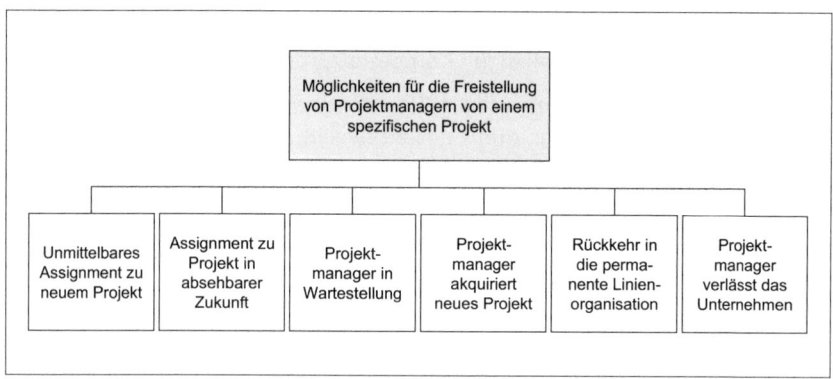

Darstellung 36: Möglichkeiten für die Freistellung von Projektmanagern von einem spezifischen Projekt

- Unmittelbares Assignment zu einem neuen Projekt,
- Assignment zu einem Projekt, das in absehbarer Zukunft startet (spezifische Fähigkeiten des jeweiligen Projektmanagers können so am besten eingesetzt werden),
- Projektmanager wird in einer Wartestellung gehalten, da zum Zeitpunkt der Freistellung kein Projekt vorhanden ist, dem er zugeteilt werden kann,
- Projektmanager setzt sich in der Zeit zwischen zwei Projekten aktiv für die Akquisition eines neuen Projektes ein, und beschafft sich auf diesem Weg ein neues Projekt, dem er zugeteilt wird,
- Rückkehr in die permanente Linienorganisation, und
- Projektmanager verlässt das Unternehmen.

Dabei ist zu beachten, dass die Anlassfälle zur Freistellung von Projektmanagern sehr stark von der jeweiligen Größe des projektorientierten Unternehmens abhängig sind. So hat sich in den Interviews herausgestellt, dass in kleineren Unternehmen mit wenig gleichzeitig durchgeführten Projekten oftmals Mitarbeiter aus der permanenten Linienorganisation anhand ihrer spezifischen Kompetenzen vom jeweiligen Vorgesetzten als Projektmanager bestimmt werden. Diese Mitarbeiter arbeiten in weiterer Folge häufig parallel in der permanenten Linienorganisation und in der temporären Projektorganisation, und wenn das Projekt zu Ende geht besteht (neben dem Verlassen des Unternehmens) nur die Möglichkeit wieder vollständig in die permanente Linienorganisation zurückzukehren, da aufgrund der wenig gleichzeitig durchgeführten Projekte meist keine direkt absehbaren Folgeprojekte im Unternehmen vorhanden sind, die den Mitarbeiter vollständig auslasten würden.

Betrachtet man hingegen große projektorientierte Unternehmen, so hängen die Möglichkeiten zur Freistellung von Projektmanagern vor allem davon ab, ob die Projekte mittel- bis langfristig planbar sind. Sind die Projekte mittel- bis langfristig planbar, so wird bereits frühzeitig darauf geachtet, dass für den Projektmanager nach Abschluss eines Projektes neue Projekte zur Verfügung stehen. Besteht zwischen zwei Projekten eine Zeitspanne von mehreren Wochen, so wird diese gerne für die Inanspruchnahme eines Urlaubes oder für Weiterbildung genützt, wenn nicht ohnedies im Nachgang des Projektes noch die eine oder andere Aufgabe offen ist und abgearbeitet werden muss. Sind die Projekte mittel- bis langfristig nicht oder nur sehr bedingt planbar, werden in großen projektorientierten Unternehmen häufig so viele Projekte gleichzeitig durchgeführt, dass sich für einen Projektmanager problemlos ein neues

Projekt ohne lange Wartezeit zwischen zwei Projekten finden lässt. Problematisch ist in diesem Fall jedoch, dass die Karriere und die damit einhergehende Entwicklung von Projektmanagern im Unternehmen nur bedingt strategisch geplant werden können, und oft eine sich aufgrund des Kompetenzprofiles ergebende Aneinanderreihung von einzelnen Projekten ist.

Aus der Perspektive von Freelance Projektmanagern betrachtet besteht für die Freistellung von Projektmanagern nur die Möglichkeit, zu Projektende das Unternehmen zu verlassen. Gelegentlich ergeben sich zwar auch unmittelbar Folgeprojekte, für die der jeweilige Freelance Projektmanager weiter eingesetzt wird, aber häufiger ist nach dem Ende eines Projektes das entsprechende Budget für Projektmanager aufgebraucht und muss für ein Folgeprojekt erst neu bewilligt werden. Ein Freelance Projektmanager dazu: "Ein Folgeprojekt gibt es fast nie gleich direkt im Anschluss. Oft ist das Budget der Abteilung aufgebraucht, oder muss erst neu bewilligt werden."

8.4.2 Spezifische Herausforderungen bei der Freistellung von Projektmanagern

Spezifische Herausforderungen bei der Freistellung von Projektmanagern sind in der Praxis:

- Abwanderung von Fachwissen aus dem Projekt und von Know-how über Prozesse im Unternehmen, wobei Freelance Projektmanager oft "mehr für das Management des Projektes eingesetzt werden [...] Das Fachwissen spielt dabei nicht so eine große Rolle weil das ohnehin aus dem Unternehmen kommt und folglich dort ohnedies vorhanden ist", so ein Freelance Projektmanager,

- Mangel an Ressourcen für einen sauberen Abschluss des Projektes inklusive Dokumentation und Feedback,

- Wahrung der Vertraulichkeit der Projektinhalte, beispielsweise gegenüber Mitbewerbern,

- Nachfolgeplanung, wenn ein Folgeprojekt absehbar ist oder das Projekt bzw. Projektergebnis in den Regelbetrieb überführt werden muss,

- Nachfolgeplanung bei schlechter Leistung des Projektmanagers und wenn ein gesichtswahrender Abgang des ursprünglichen Projektmanagers herbeigeführt werden soll,

- Proaktive Berücksichtigung der Nachprojektphase, und

- Sauberer Abschluss des Projektes, wenn der Projektmanager bereits vor dem eigentlichen Projektende das Projekt aufgrund eines anderen neuen Projektes verlässt.

8.4.3 Ziele und Organisation der Freistellung von Projektmanagern

Die Ziele bei der Freistellung von Projektmanagern stehen teilweise in engem Zusammenhang mit den sich ergebenden Herausforderungen. Die wichtigsten Zielsetzungen sind (siehe Darstellung 37):

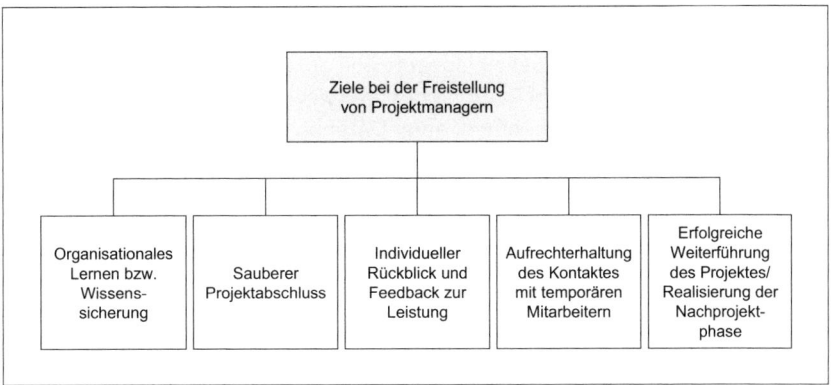

Darstellung 37: Ziele bei der Freistellung von Projektmanagern

- Organisationales Lernen bzw. Wissenssicherung wenn temporäre Mitarbeiter das Unternehmen am Ende des Projektes verlassen: Während in anderen Ländern bereits ausgeklügelte Systeme zur Sicherung des organisationalen Lernens eingesetzt werden, ist Europa und insbesondere Deutschland in diesem Bereich noch einen Schritt zurück;

- Sicherstellung eines sauberen Abschlusses des Projektes inklusive entsprechender Dokumentation, um organisationales Lernen und Wissenssicherung im Unternehmen zu ermöglichen;

- Individueller Rückblick und Feedback zur Leistung des freigestellten Projektmanagers: Ob und wie formell ein Rückblick auf das Projekt und Feedback zur Leistung stattfinden hängt stark von der im Unternehmen vorherrschenden Unternehmenskultur und von der persönlichen Einstellung des Projektauftraggebers ab. Vom Projektteam hingegen ist über die Laufzeit des Projektes zu erwarten, dass sehr häufig informelles und teilweise implizites Feedback zur Leistung des Projektmanagers gegeben wird. Ein Projektmanager dazu: "Feedback – wenn es [das Projekt] gut gelaufen ist, gibt es keines, wenn es schlecht gelaufen ist weiß der Chef sowieso alles besser und hat das schon immer vorhergesagt";

- Aufrechterhaltung des Kontaktes mit temporären Mitarbeitern, um eine weitere Zusammenarbeit in der Zukunft zu ermöglichen: Aufgrund der intensiven Zusammenarbeit mit Mitarbeitern aus dem projektorientierten Unternehmen oft über viele Monate hinweg bleiben Freelance Projektmanager auch nach dem Projektende meist noch mit der einen oder anderen Person aus dem Projektteam in Kontakt, bzw. sind von sich aus proaktiv um den Kontakt bemüht, um sich für eventuelle Folgeaufträge anzubieten. Seitens der Unternehmen konnte im Rahmen der Interviews lediglich festgestellt werden, dass Unternehmen eine Datenbank mit Freelance Projektmanagern unterhalten um diese bei Bedarf kontaktieren und effizient rekrutieren zu können, ansonsten jedoch kaum weiterführende Initiativen setzen. Interessant ist die Aussage eines Freelance Projektmanagers im Zusammenhang mit fehlgeschlagenen Projekten: "Schlecht ist nur, wenn man mit den Personen aus dem Projektteam überhaupt nicht klar kommt. Wenn ein Projekt aus sachlichen Gründen scheitert, ist das oft gar nicht so tragisch, und man bekommt oft trotzdem wieder mal einen Auftrag als Projektmanager im Unternehmen"; und

- Sicherstellung einer erfolgreichen Weiterführung des Projektes bzw. Realisierung der Nachprojektphase. "Nicht selten ist es [nach der Übernahme eines abgeschlossenen Vorprojektes] so, dass man sich als Projektmanager erst mal ausführlich mit dem Status des Projektes beschäftigen muss. Erst mit der Zeit findet man heraus, was zwar am Papier schon alles schön vorliegt, in der Realität aber oft nicht vollständig umgesetzt wurde", so ein Freelance Projektmanager.

Bei der Freistellung von Freelance Projektmanagern liegt die organisatorische Verantwortlichkeit meist in der entsprechenden Abteilung der Linienorganisation, nachdem diese auch für die Rekrutierung zumindest mitverantwortlich ist und der Freelance Projektmanager aus deren Budget bezahlt wird. Sollte ein Projektmanager aufgrund schlechter Leistung vorzeitig freigestellt werden, so nimmt dies in der Praxis häufig im Projektteam den Ausgangspunkt, wodurch früher oder später auch der Projektauftraggeber darauf aufmerksam wird und entsprechende Schritte setzt.

Werden hingegen Projektmanager des projektorientierten Unternehmens freigestellt, ist üblicherweise auch die Personalabteilung eingebunden. Je nach spezifischer Ausgestaltung der Personalabteilung kann diese nur für die administrativen Aspekte zuständig sein, bis hin zur Übernahme der Verantwortung für den gesamten Prozess der Freistellung. Die Personalabteilung ist dabei von den jeweiligen Abteilungen bzw. Bereichen abhängig und benötigt zur Durchführung der Freistellungen auch die entsprechenden Informationen wie Ressourcenplanung etc. von den Abteilungen bzw. Bereichen.

8.4.4 Beschreibung des Prozesses: Freistellung von Projektmanagern

Mangels einer in der Praxis genau definierten Ausgestaltung des Prozesses der Freistellung von Projektmanagern konnten im Rahmen der Interviews nur die folgenden groben Prozessschritte identifiziert werden (siehe Darstellung 38):

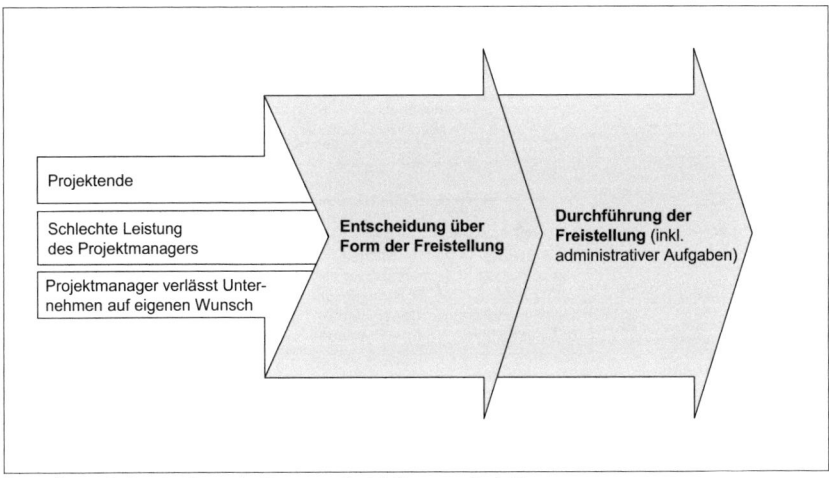

Darstellung 38: Beschreibung des Prozesses Freistellung von Projektmanagern

- Projektende bzw. schlechte Leistung des Projektmanagers als Ausgangspunkt: Der Prozess Freistellung von Projektmanagern wird meist einerseits vom Ende eines Projektes und andererseits durch eine schlechte Leistung des Projektmanagers ausgelöst; ein Verlassen des Unternehmens während der Laufzeit eines Projektes auf Wunsch des Projektmanagers kommt in der Praxis hingegen äußerst selten vor,

- Entscheidung über Form der Freistellung: In Abhängigkeit vom Ausgangspunkt der Freistellung von Projektmanagern und von der Größe des projektorientierten Unternehmen stehen verschiedene Formen der Freistellung zur Verfügung, von denen eine für den konkreten Fall angewandt werden muss,

- Durchführung der Freistellung inkl. administrativer Aufgaben: Mit der Durchführung der Freistellung sowohl bei Projektende als auch wenn ein Projektmanager das Unternehmen verlässt fallen zahlreiche administrative Aufgaben an, wie zum Beispiel die Abwicklung vertraglicher Beziehungen, Rückgabe der Arbeitsmittel und Ausweise, etc.

8.4.5 Methoden für die Freistellung von Projektmanagern

In projektorientierten Unternehmen werden folgende Methoden bei der Freistellung von Projektmanagern angewandt (siehe Darstellung 39):

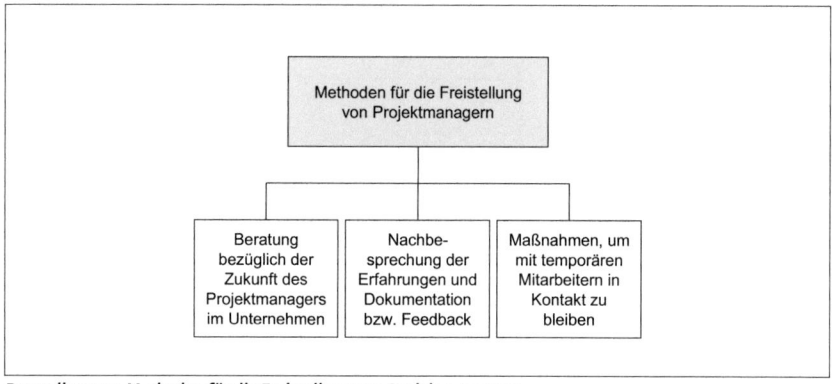

Darstellung 39: Methoden für die Freistellung von Projektmanagern

- Beratung bezüglich der Zukunft des Projektmanagers im Unternehmen: Werden die Entwicklung von Karriere und Kompetenzen der Projektmanager im Unternehmen strategisch geplant, bringt dies nicht nur Vorteile für den entsprechenden Mitarbeiter, sondern auch für das projektorientierte Unternehmen, da der Mitarbeiter im Unternehmen besser eingesetzt werden kann;

- Nachbesprechung der Erfahrungen und Dokumentation neuer Erkenntnisse aus dem Projekt, Feedback zwischen Projektmanager und den relevanten Umwelten, Reflexion der Erfahrungen aus dem

Projekt: Die Anwendung dieser Methoden hängt in erster Linie von der vorherrschenden Kultur und den einzelnen Personen im projektorientierten Unternehmen, als auch von den Anforderungen des Tagesgeschäftes ab. Aufgrund des hohen Zeit- und Kostendruckes werden Nachbesprechungen und Reflexion der Erfahrungen aus dem Projekt in der Praxis häufig stark vernachlässigt. Ein Projektmanager dazu: "Ob es eine Nachbesprechung gibt, hängt von der Person des Projektmanagers ab. Formell ist das überhaupt nur dann, wenn sich daraus [aus dem Projekt] monetäre Konsequenzen für den Projektmanager oder das Projektteam ergeben";

- Maßnahmen, um mit temporären Mitarbeitern in Kontakt zu bleiben: Die Methoden zur Aufrechterhaltung des Kontaktes mit temporären Mitarbeitern beschränken sich oft auf eine Datenbank mit den Kontaktdaten, durchgeführten Projekten und vorhandenen Kompetenzen von Freelance Projektmanagern, um diese bei Bedarf möglichst einfach kontaktieren zu können. "Nicht seitens des Unternehmens, aber seitens des Projektmanagers" gäbe es häufig Bemühungen mit den Unternehmen in Kontakt zu bleiben, "um einen Fuß in der Tür zu haben, sobald es neue Projekte gibt", meint ein Freelance Projektmanager. Ein anderer Freelance Projektmanager meint ebenso, dass sich Unternehmen nicht aktiv um den Kontakt bemühen, "außer sie brauchen gerade ganz dringend eine Urlaubsvertretung des Projektmanagers und haben selbst keine qualifizierten Mitarbeiter dafür frei".

8.4.6 Hilfsmittel für die Freistellung von Projektmanagern

Als Hilfsmittel für die Freistellung von Projektmanagern wurden im Rahmen der Interviews nur die Personaldatenbank und eine Checkliste zur Rückgabe der ausgehändigten Arbeitsmittel genannt.

9 Zusammenfassung und Ausblick

9.1 Spezifische Anlässe und Herausforderungen für die Rekrutierung und Freistellung von Projektmanagern in projektorientierten Unternehmen

Sowohl im Zuge der Literaturanalyse als auch bei den Interviews zum Thema Rekrutierung und Freistellung von Projektmanagern in projektorientierten Unternehmen hat sich gezeigt, dass projektorientierte Unternehmen mit spezifischen Anlässen als auch Herausforderungen konfrontiert sind. Während es für traditionell organisierte Unternehmen bereits sehr umfangreiche Untersuchungen in der einschlägigen Literatur gibt, werden projektorientierte Unternehmen in dieser Hinsicht oft stiefmütterlich behandelt, obwohl diese Organisationsform den heutigen und zukünftigen Anforderungen vieler Unternehmen und deren Umfeld entspricht und somit mehr Aufmerksamkeit in der Forschung verdient.

In den Interviews mit Projektmanagern und Human Resources Managern hat sich herausgestellt, dass die grundlegende Ursache, von der viele Besonderheiten des projektorientierten Unternehmens ausgehen, in der häufigen Änderung der Personalkonfiguration liegt. Während in traditionell organisierten Unternehmen das Personal einmal rekrutiert, danach geführt, beurteilt und gegebenenfalls einmal freigestellt wird, ist dieser Prozess bei projektorientierten Unternehmen zusätzlich für jedes einzelne Projekt zu durchlaufen. Dadurch ergibt sich in den Personalabteilungen von projektorientierten Unternehmen auch eine deutlich höhere Arbeitsbelastung und zusätzliche Komplexität, die es nicht weiter verwunderlich erscheinen lassen, wenn viele projektorientierte Unternehmen erst auf dem Weg hin zu einer optimal ausgerichteten, funktionierenden und eingespielten Personalabteilung im Einklang mit der Organisationsform sind. Während einige große projektorientierte Unternehmen diesbezüglich bereits sehr gute Fortschritte erzielt haben, besteht bei vielen kleinen bis mittleren projektorientierten Unternehmen noch ein großer Aufholbedarf, auch was die Spezifika hinsichtlich Anlässe und Herausforderungen bei Rekrutierung und Freistellung von Projektmanagern betreffen.

Der in den Interviews am häufigsten genannte Anlass zur Rekrutierung von Projektmanagern besteht in zusätzlichen Ressourcen für die professionelle Durchführung von Projekten. Auch wenn diese Antwort mit der guten konjunkturellen Entwicklung der letzten Jahre in Österreich und der damit einhergehenden guten Auftragslage in Unternehmen zusammenhängen mag, so scheint dieser Anlassfall auch darauf hinzuweisen, dass Projekte zur Umsetzung von relativ neuartigen und einmaligen Geschäftsprozessen von hoher Bedeutung immer beliebter werden und sich die Organisationsstrategie Management-by-Projects in Unternehmen verstärkt durchsetzt.

Dafür, dass die Organisationsstrategie Management-by-Projects an Bedeutung gewinnt, spricht auch die größte Herausforderung bei der Rekrutierung von Projektmanagern, die darin besteht, die von den Unternehmen benötigte knappe Ressource Projektmanager überhaupt am Arbeitsmarkt zu finden und an das Unternehmen zu binden.

Auch wenn Unternehmensvertreter scheinbar nicht gerne über das Thema Freistellung sprechen, so konnten doch zahlreiche spezifische Anlässe und Herausforderungen bei der Freistellung von Projektmanagern in projektorientierten Unternehmen identifiziert werden. Mit welchen spezifischen Anlässen und Herauforderungen projektorientierte Unternehmen konfrontiert sind, ergibt sich insbesondere durch die Größe des projektorientierten Unternehmens und der Anzahl der gleichzeitig durchgeführten Projekte.

9.2 Spezifika des Rekrutierungs- und Freistellungsprozesses von Projektmanagern in projektorientierten Unternehmen

Legt man den Fokus der Betrachtung von projektorientierten Unternehmen auf die Personalmanagement-Prozesse Rekrutierung und Freistellung von Projektmanagern, so fällt auf, dass der Prozess Rekrutierung deutlich stärker ausgeprägt ist als der Prozess Freistellung. Dies mag einerseits daran liegen, dass in den letzten Jahren durch die gute Auftragslage in Unternehmen deutlich mehr Personal rekrutiert als freigestellt wurde und daher die Rekrutierung deutlich mehr Aufmerksamkeit erfahren hat als die Freistellung. Andererseits ist auch denkbar, dass der Prozess für die Rekrutierung von Projektmanagern kostenintensiver und wertschaffender für Unternehmen ist, und sich diese somit verstärkt mit der Rekrutierung beschäftigen und die Freistellung im Anlassfall ad-hoc durchführen. Generell ist auch hier zu bemerken, dass große projektorientierte Unternehmen diese Prozesse weitaus stärker etabliert haben als kleinere projektorientierte Unternehmen, und dass sowohl der konkrete Ablauf der Rekrutierung als auch der Freistellung in starker Abhängigkeit von der Größe des projektorientierten Unternehmens sowie der Art der durchgeführten Projekte zu sehen sind. Sollte sich die für projektorientierte Unternehmen kritische Ressource Projektmanager in Zukunft weiterhin verknappen, so ist durchaus davon auszugehen, dass sich verstärkt kleinere, als auch große projektorientierte Unternehmen um eine effizientere und professionellere Ablauforganisation des Personalmanagements, und somit auch der Rekrutierung und Freistellung von Projektmanagern, bemühen werden.

9.3 Ansatzpunkte für weiterführende Forschung

Für die Zukunft bleibt zu hoffen, dass das Personalmanagement eine angemessene Betrachtung in der Forschung zu projektorientierten Unternehmen erfährt. Nachdem die Forschung diesbezüglich nach wie vor stark beschränkt ist, gibt es unzählige Ansatzpunkte für weiterführende Untersuchungen. Im Rahmen der Erstellung dieser Arbeit haben sich insbesondere die nachfolgenden Punkte als mögliche Forschungsbereiche herauskristallisiert:

- Analyse des Status Quo der Prozesse und Organisation des Personalmanagements in projektorientierten Unternehmen und Identifikation von Best Practices im Rahmen einer breit angelegten Untersuchung,

- Untersuchung der spezifischen Einflussgrößen auf die organisatorische Ausgestaltung des Personalmanagements in projektorientierten Unternehmen und Analyse der spezifischen Herausforderungen des Personalmanagements, die sich durch die Organisationsstrategie Management-by-Projects ergeben,

- Beleuchtung der Ausgestaltung des Personalmanagements in projektorientierten Unternehmen in Abhängigkeit von der Größe des Unternehmens bzw. Art der durchgeführten Projekte, und

- Identifikation der individuellen Bedürfnisse und Erwartungen von Projektmanagern an ihren Arbeitgeber.

Literaturverzeichnis

Aghamanoukjan, A.; Buber, R.; Meyer, M.: (Interviews)
Qualitative Interviews; in: Buber, R.; Holzmüller, H.H. (Hrsg.): Qualitative Marktforschung, Gabler, Wiesbaden 2007.

Beckenbach, N.: (Industriesoziologie)
Industriesoziologie, Walter de Gruyter, Berlin, New York 1991.

Berthel, J.; Becker, F.G.: (Personalmanagement)
Personalmanagement – Grundzüge für Konzeptionen betrieblicher Personalarbeit, 8. Auflage, Schäffer-Poeschel, Stuttgart 2007.

Bredin, K.; Söderlund, J.: (Perspectives)
Perspectives on Human Resource Management: an explorative study of the consequences of projectification in four firms; in: International Journal of Human Resources Development and Management, Jahrgang 6, 1, S. 92-113, 2006.

Bröckermann, R.; Pepels, W.: (Personalfreisetzung)
Die Personalfreisetzung, expert verlag, Renningen 2005.

Bröckermann, R.; Pepels, W.: (Recruitment)
Handbuch Recruitment, Cornelsen, Berlin 2002.

Buber, R.; Holzmüller, H.H. (Hrsg.):
Qualitative Marktforschung, Gabler, Wiesbaden 2007.

Cleland, D.; Gareis, R.:
Global Project Management Handbook, 2. Auflage, McGraw-Hill, New York 2006.

Dincher, R.: (Personalmarketing und Personalbeschaffung)
Personalmarketing und Personalbeschaffung - Einführung und Fallstudie zur Anforderungs-analyse und Personalakquisition, 2. Auflage, Forschungsstelle für Betriebsführung und Personalmanagement, Neuhofen/Pf. 2007.

Dobrincic, D.: (Gesellschaft)
Personalmanagement in der projektorientierten Gesellschaft, Diplomarbeit, Wirtschaftsuniversität Wien 2002.

Drumm, H.J.: (Personalwirtschaft)
Personalwirtschaft, 6. Auflage, Springer, Berlin 2008.

Elonen, S.; Artto, K.A.: (multi-project environments)
Problems in managing internal development projects in multi-project environments; in: International Journal of Project Management, Jahrgang 21, S. 395-402, 2003.

Eskerod, P.; Blichfeldt B.S.: (entrees and withdrawals)
Managing team entrees and withdrawals during the project life cycle; in: International Journal of Project Management, Jahrgang 23, Ausgabe 1, S. 495-503, 2005.

Fiedler, S.: (Projektkrisen)
Bewältigung von Projektkrisen auf der Grundlage eines systemisch-konstruktivistischen Management-Ansatzes, Dissertation, Wirtschaftsuniversität Wien, Wien 1996.

Friedrichs, J.: (Methoden)
Methoden empirischer Sozialforschung, Westdeutscher Verlag, Opladen 1980.

Fritz, S.: (Leadership)
Interpersonal skills for leadership, 2. Auflage, Pearson Prentice Hall, Upper Saddle River, NJ 2005.

Froschauer, U.; Lueger, M.: (Interview)
Das qualitative Interview, WUV, Wien 2003.

Gaitanides, M. (Hrsg.):
Prozeßmanagement: Konzepte, Umsetzungen und Erfahrungen des Reengineering, Hanser, München, Wien 1994.

Gaitanides, M.; Scholz, R.; Vrohlings, A.: (Prozessmanagement)
Prozeßmanagement – Grundlagen und Zielsetzungen, in: Gaitanides, M. et al: Prozeß-management: Konzepte, Umsetzungen und Erfahrungen des Reengineering, Hanser, München, Wien 1994.

Gareis, R. (Hrsg.):
Handbook of Management by Projects, Manz, Wien 1990.

Gareis, R.: (Happy Projects 3. Auflage)
Happy Projects, 3. Auflage, Manz, Wien 2006.

Gareis, R.: (Happy Projects)
Happy Projects, 2. Auflage, Manz, Wien 2004.

Gareis, R.; Stummer, M.: (Prozesse & Projekte)
Prozesse und Projekte, 2. Auflage, Manz, Wien 2007.

Gaugler, E.; Oechsler, W.A.; Weber, W. (Hrsg.):
Handwörterbuch des Personalwesens, 3. Auflage, Schäffer-Poeschel, Stuttgart 2004.

Gester, P.:
Warum der Rattenfänger von Hameln kein Systemiker war? Systemische Gesprächs- und Interviewgestaltung, in: Schmitz, C.;Gester, P.;Heitger, B. (Hrsg.): Managerie – Systemisches Denken und Handeln im Management, 1. Jahrbuch, Carl Auer Verlag, Heidelberg 1992.

Gläser, J.; Laudel, G.: (Experteninterviews)
Experteninterviews und qualitative Inhaltsanalyse als Instrumente rekonstruierender Unter-suchungen, 2. Auflage, Verlag für Sozialwiss., Wiesbaden, 2006.

Glasersfeld, E. von: (Aspekte)
Aspekte des Konstruktivismus, Vico, Berkeley, Piaget, In: Rusch, G., Schmidt, S.: Konstruktivismus: Geschichte und Anwendung, Suhrkamp Verlag, Frankfurt am Main 1992.

Glasersfeld, E. von: (Konstruktion)
Konstruktion der Wirklichkeit und des Begriffs der Objektivität, in: Gumin, H., Meier, H.: Einführung in den Konstruktivismus, München 1992.

Grochla, E. (Hrsg.):
Handwörterbuch der Organisation, 2. Auflage, Poeschel Verlag, Stuttgart 1980.

Gumin, H.; Meier, H.:
Einführung in den Konstruktivismus, München 1992.

Haltmeyer, B.; Lueger, G.: (Beschaffung und Auswahl)
Beschaffung und Auswahl von Mitarbeitern, in: Kasper, H.; Mayrhofer, W. (Hrsg.): Personal-management – Führung – Organisation, 3. Auflage, Linde, Wien 2002.

Hammer, M.; Champy, J.: (Engineering)
Business Reengineering - Die Radikalkur für das Unternehmen, 4. Auflage, Campus-Verl., Frankfurt am Main 1994.

Hentze, J.; Graf, A.: (Personalwirtschaftslehre 2)
Personalwirtschaftslehre 2, 7. Auflage, Haupt, Bern 2005.

Holtbrügge, D.: (Personalmanagement)
Personalmanagement, 3. Auflage, Springer, Berlin 2007.

Holtgrewe, U.: (Experteninterviews)
Experteninterviews; in: Kühl, S. (Hrsg.): Methoden der Organisationsforschung, Rowohlt Taschenbuch Verlag, Reinbek bei Hamburg 2002.

Huemann, M.: (HRM model)
A process-oriented HRM model for the project-oreinted company, Habilitationsschrift, Version Mai 2008, WU-Wien 2008.

Huemann, M.: (Kompetenzen)
Individuelle Projektmanagement-Kompetenzen in Projektorientierten Unternehmen, Lang, Frankfurt am Main u.a. 2002.

Huemann, M.: (Project Management Personnel)
Managing Project Management Personnel and its Competencies in the Project-oriented Company; in: Cleland, D.; Gareis, R.: Global Project Management Handbook, 2. Auflage, McGraw-Hill, New York 2006.

Huemann, M.; Keegan, A.E.; Turner, J.R.: (HRM – a review)
Human resource management in the project-oriented company: A review, in: International Journal of Project Management, Jahrgang 25, 3, S. 315-323, 2007.

Huemann, M.; Turner, R.: (Aligning HRM)
Human Resource Management in the Project-oriented Company: aligning HRM in the line with HRM on the project; Working Paper, submitted to the European Journal of Management, 2008.

Huemann, M.; Turner, R.; Keegan, A.: (Managing HR)
Managing human resources in the project-oriented company; in: Morris, P.W.; Pinto, J.K. (Hrsg.): The Wiley Guide to Managing Projects, Wiley & Sons, Hoboken, New Jersey 2004.

International Organization for Standardization (Hrsg.): (ISO 9000)
ISO 9000:2000 – Quality management systems, Schweiz 2000.

Jung, H.: (Personalwirtschaft)
Personalwirtschaft, 7. Auflage, Oldenbourg, München 2006.

Kammel, A.: (Personalfreisetzung)
Personalabbau/-freisetzung, Sp. 1343-1347, in: Gaugler, E.; Oechsler, W.A.; Weber, W. (Hrsg.):
Handwörterbuch des Personalwesens, 3. Auflage, Schäffer-Poeschel, Stuttgart 2004.

Kasper, H.; Mayrhofer, W. (Hrsg.):
Personalmanagement – Führung – Organisation, 3. Auflage, Linde, Wien 2002.

Kasper, H.: (Handhabung)
Die Handhabung des Neuen in organisierten Sozialsystemen. Springer, Wien 1990.

Kasper, H.: (Management-Wissen)
Post-Graduate-Management-Wissen, Ueberreuter, Wien 1995.

Keegan, A.; Turner, R.; Huemann, M.: (HR in the POC)
Managing Human Resources in the Project-based Organization; in: Turner, R.; Simister, S.
(Hrsg.): Gower Handbook of Project Management, 4. Auflage, Gower Publishing Company,
Aldershot, Hampshire 2008.

Kepper, G.: (Qualitative Marktforschung)
Qualitative Marktforschung: Methoden, Einsatzmöglichkeiten und Beurteilungskriterien, 2.
überarb. Auflage, Dt. Univ.-Verl., Wiesbaden 1996.

Kienast, M.: (Ressourcenplanung)
Ressourcenplanung in projektorientierten Unternehmen, Diplomarbeit, Wirtschaftsuniversität
Wien, 2006.

Kneer, G.; Nassehi, A.: (Soziale Systeme)
Niklas Luhmanns Theorie sozialer Systeme, Wilhelm Fink Verlag, München 1994.

Kühl, S. (Hrsg.):
Methoden der Organisationsforschung, Rowohlt Taschenbuch Verlag, Reinbek bei Hamburg
2002.

Kuhn, Th. S.: (Wissenschaftliche Revolutionen)
Die Struktur wissenschaftlicher Revolutionen, Suhrkamp Verlag, Frankfurt am Main 1989.

Lamnek, S.: (Qualitative Sozialforschung 1)
Qualitative Sozialforschung: Methodologie, Band 1, 3. korr. Auflage, Beltz-Psychologie-Verl.-
Union, Weinheim 1995.

Lamnek, S.: (Qualitative Sozialforschung 2)
Qualitative Sozialforschung: Methoden und Techniken, Band 2, 3. korr. Auflage, Beltz-
Psychologie-Verl.-Union, Weinheim 1995.

Luhmann, N.: (Funktionen)
Funktionen und Folgen formaler Organisation, Duncker und Humblot, Berlin 1964.

Luhmann, N.: (Komplexität)
Komplexität, In: Grochla, E. (Hrsg.): Handwörterbuch der Organisation, 2. Auflage, Poeschel
Verlag, Stuttgart 1980.

Luhmann, N.: (Soziale Systeme)
Soziale Systeme: Grundriß einer allgemeinen Theorie, Suhrkamp Verlag, Frankfurt am Main
1984.

makeit information systems (Hrsg.): (ITIL v2 Foundation)
ITIL® v2 Foundation, Trainingsunterlagen Rev. 8, Wien.

Mayntz, R.; Holm, K.; Hübner, P.: (Empirische Soziologie)
Einführung in die Methoden der empirischen Soziologie, Westdeutscher Verlag, Opladen 1974.

Mayring, P.: (Sozialforschung)
Einführung in die qualitative Sozialforschung, 3.Auflage, Beltz, Weinheim 1996.

Möllhoff, D.: (Personalmanagement)
Praxishandbuch Personalmanagement – Grundlagen und Instrumente für erfolgreiche Personalarbeit, Campus, Frankfurt am Main, 2001.

Morris, P.W.; Pinto, J.K. (Hrsg.):
The Wiley Guide to Managing Projects, Wiley & Sons, Hoboken, New Jersey 2004.

N.N.:
Alitalia soll zu Inlands-Jumbo umgebaut werden; Sanierungsplan sieht bis zu 6000 Kündigungen vor, Der Standard: 07.07.2008.

N.N.:
American Airlines beschliesst Abbau von 1500 weiteren Stellen, SDA - Schweizerische Depeschenagentur, 29.07.2008.

N.N.:
Entlassungswelle bei UBS; In der Schweiz gehen 1500 Stellen verloren – kein Börsenapplaus, Basler Zeitung, 07.05.2008.

N.N.:
Ergo: Abbau von 2500 Jobs befürchtet, Hamburger Abendblatt, 22.07.2008.

N.N.:
Finanzmarktkrise - JPMorgan Chase erwägt Abbau von 4000 Stellen, Spiegel Online, 14.05.2008.

N.N.:
Infineon kündigt Abbau von 3.000 Stellen an, AWP International, 25.07.2008 10:16.

N.N.: (Touch)
Keeping in touch; in: The Economist, 12, 2001.

N.N.:
Renault kündigt Abbau von 5000 Stellen an, Financial Times Deutschland, 25.07.2008.

N.N.:
Siemens bekräftigt geplanten Abbau von weltweit 16.750 Stellen, AWP International, 23.07.2008 16:35.

N.N.:
Telecom Italia kappt 5 000 Stellen, General Anzeiger, 06.06.2008.

N.N.:
Telekom droht mit Entlassungen - 4 000 Stellen in Geschäftskundensparte T-Systems bedroht
- Kündigungen nicht ausgeschlossen, Berliner Zeitung, 24.07.2008.

N.N.:
Verdi befürchtet bei Fusion DZ Bank/WGZ Bank massiven Job-Abbau, Reuters, 26.06.2008
16:26.

Naesgaard, P.; Huemann, M.: (Recruiting Project Managers)
Recruiting Project Managers, 22nd IPMA World Congress, 9.-11. November, Rom 2008.

Patzak, G.; Rattay, G.: (Projekt Management)
Projekt Management – Leitfaden zum Management von Projekten, Projektportfolios und
projektorientierten Unternehmen, Linde, Wien 1996.

pma (Hrsg.): (Zertifizierungsprogramme)
Projektmanagement-Zertifizierungsprogramme, Wien, Präsentation 02.04.2008.

Ridder, H.-G.: (Personalwirtschaftslehre)
Personalwirtschaftslehre, Kohlhammer, Stuttgart 1999.

Roth, G.: (Gehirn)
Das konstruktive Gehirn: Neurobiologische Grundlagen von Wahrnehmung und Erkenntnis,
in: Schmidt, S. (Hrsg.): Kognition und Gesellschaft: Der Diskurs des Radikalen Konstruktivismus, Suhrkamp Verlag, Frankfurt am Main 1992.

Rusch, G.; Schmidt, S.:
Konstruktivismus: Geschichte und Anwendung, Suhrkamp Verlag, Frankfurt am Main 1992.

Sauder, G.; Schmidt, H.: (Personalabteilung)
Die Personalabteilung als Dienstleistungsfunktion, in: Personal, 40. Jg., 3, 1988, S. 90-94.

Schmelzer, H.J.; Sesselmann, W.: (Geschäftsprozessmanagement)
Geschäftsprozessmanagement in der Praxis, 5. Auflage, Hanser, München, Wien 2006

Schmidt, S. (Hrsg.):
Kognition und Gesellschaft: Der Diskurs des Radikalen Konstruktivismus, Suhrkamp Verlag,
Frankfurt am Main 1992.

Schmidt, S.: (Radikaler Konstruktivismus)
Radikaler Konstruktivismus: Forschungsperspektiven für die 90er Jahre; in: Schmidt, S.
(Hrsg.): Kognition und Gesellschaft: Der Diskurs des Radikalen Konstruktivismus, Suhrkamp
Verlag, Frankfurt am Main 1992.

Schmitz, C.; Gester, P.; Heitger, B. (Hrsg.):
Managerie – Systemisches Denken und Handeln im Management, 1. Jahrbuch, Carl Auer
Verlag, Heidelberg 1992.

Schober, H.: (Prozessorganisation)
Prozessorganisation: Theoretische Grundlagen und Gestaltungsoptionen, Dt. Univ.-Verl.,
Wiesbaden 2002.

Schuler, H.: (Personalauswahl)
Psychologische Personalauswahl, 3. Auflage, Verlag für Angewandte Psychologie, Göttingen 2000.

Söderlund, J.; Bredin, K.: (HRM)
HRM in the proejct-intensive firms: Changes and challenges; in: Human Resource Management, 45. Jg., 2, 2006, S. 249-265.

Spühler, R.W.; Biagini, R.G.: (internal projects)
The role and weaknesses of top management in internal projects; in: Gareis, R. (Hrsg.): Handbook of Management by Projects, Manz, Wien 1990.

The Boston Consulting Group (Hrsg.): (Future of HR)
The Future of HR in Europe - Key Challenges Through 2015, http://www.bcg.com/publications/files/ES_Future_HR_Europe.pdf, zuletzt aufgerufen am 18.07.2008.

Turner, J.R.; Huemann, M.; Keegan, A.E.: (Employee wellbeing)
Human Resource Management in the Project Oriented Organization: Employee wellbeing and ethical treatment, Proceedings of IRNOP VIII: the eight conference of the International Research Network for Organizing by Projects, September, Brighton, UK 2007.

Turner, R.; Simister, S. (Hrsg.):
Gower Handbook of Project Management, 4. Auflage, Gower Publishing Company, Aldershot, Hampshire 2008.

Vogt, G.: (Nomaden)
Nomaden der Arbeitswelt, Versus Verlag, Zürich 1999.

von Eckardstein, D.: (Personalmanagement)
Personalmanagement, in: Kasper, H.; Mayrhofer, W. (Hrsg.): Personalmanagement – Führung – Organisation, 3. Auflage, Linde, Wien 2002.

Werner, H.: (Supply Chain)
Supply Chain Management - Grundlagen, Strategien, Instrumente und Controlling, 2. Auflage, Gabler, Wiesbaden 2002.

Willke, H.: (Systemtheorie)
Systemtheorie, Gustav Fischer Verlag, Stuttgart 1982.